高等院校思政课教学创新探索

王　敏　孙立权◎著

中国出版集团　全国百佳图书
中国民主法制出版社　出版单位

图书在版编目（CIP）数据

高等院校思政课教学创新探索／王敏，孙立权著．—北京：
中国民主法制出版社，2024.2

ISBN 978-7-5162-3506-5

Ⅰ．①高…　Ⅱ．①王…　②孙…　Ⅲ．①高等学校－思想政治
教育－教学研究－中国　Ⅳ．① G641

中国国家版本馆 CIP 数据核字（2024）第 033097 号

图书出品人：刘海涛
出 版 统 筹：石　松
责 任 编 辑：刘险涛　吴若楠

书　　　名／高等院校思政课教学创新探索
作　　　者／王　敏　孙立权　著

出版·发行／中国民主法制出版社
地址／北京市丰台区右安门外玉林里 7 号（100069）
电话／（010）63055259（总编室）　63058068　63057714（营销中心）
传真／（010）63055259
http://www.npcpub.com
E-mail: mzfz@npcpub.com
经销／新华书店
开本／ 16 开　787 毫米×1092 毫米
印张／ 10.25　**字数／** 195 千字
版本／ 2024 年 4 月第 1 版　　2024 年 4 月第 1 次印刷
印刷／廊坊市源鹏印务有限公司

书号／ ISBN 978-7-5162-3506-5
定价／ 68.00 元
出版声明／版权所有，侵权必究。

前 言 QIANYAN

　　高校思政课是落实立德树人的关键课程，对于马克思主义在中国的传播和发展、社会主义意识形态的建设与巩固、中国特色社会主义建设人才的培养与凝聚等具有不可替代的作用。为了适应新课改的要求，在各个高校的思政课教学质量上要进行不断的优化和创新，这也是为我国培养出能够适应新时代发展的人才的需求。

　　对当前高校思政课教学进行改革创新能够不断提高大学生的政治素质、思想素养，实现全员育人、全程育人、全方位育人，确保培养中国特色社会主义事业的合格的建设者和可靠的接班人。另外，对高校思政课进行教学改革创新最根本的途径就是要坚持党的领导，坚持用中国特色社会主义思想铸魂育人，引导学生自觉地将"爱国情、强国志、报国行"融入坚持和发展中国特色社会主义事业、实现中华民族伟大复兴的奋斗之中。

　　本书是高校思想政治教学方向的书籍，主要研究高校思政课教学改革与创新，本书从高校思想政治教育概述入手，针对高校思想政治理论课教学改革创新的依据和原则、高校思想政治教育的资源整合、高校思想政治教育观念创新、高校思想政治教育的内容创新进行了分析研究；另外，对高校思想政治理论课教学过程优化创新、高校思政课教学模式创新、高校思想政治理论课混合式教学模式创新、高校思政课教学方法创新、高校思政课教学中多媒体技术的创新应用做了一定的介绍；还对高校思政课实践教学创新、高校思想政治教育体系创新提出了一些建议；旨在摸索出一条适合高校思政课教学工作创新的科学道路，帮助其工作者在应用中少走弯路，运用科学方法，提高效率。

　　为了确保研究内容的丰富性和多样性，作者在写作过程中参考了大量理论与研究文献，在此向涉及的专家学者表示衷心的感谢。最后，限于作者水平，加之时间仓促，本书难免存在一些疏漏，在此，恳请广大读者朋友批评指正！

目 录 MULU

第一章　高校思想政治教育概述

第一节　高校思想政治教育的本质与功能

一、高校思想政治教育的本质

（一）意识形态的灌输与教化

马克思主义认为，事物的本质即事物的根本性质，是事物本身所固有的、决定事物性质、面貌和发展的根本属性。高校思想政治教育的本质即根本属性是什么，是目前学术界探讨的热点问题。我们认为，高校思想政治教育的本质是意识形态的灌输与教化。

高校思想政治教育与社会主导意识形态有着紧密联系，是向社会成员传导和灌输主导意识形态的重要途径。社会意识形态是系统地、自觉地反映社会经济形态和政治制度的思想体系，是社会意识诸形式中构成思想上层建筑的部分，表现在政治、法律、道德、哲学、艺术等形式中。在阶级社会中，意识形态具有明显的阶级性，其中，统治阶级的意识形态在社会中占据主导地位。统治阶级为了维护自己的统治，往往通过各种形式和手段向社会成员灌输本阶级的意识形态，而高校思想政治教育就是其中最主要的形式。可以说，高校思想政治教育这一人类社会的实践活动，从一产生开始就把进行意识形态教育作为自己的主要任务。社会主导意识形态的灌输与教化，是高校思想政治教育的本质。

高校思想政治教育是指教育者把一定社会的思想观念、价值观点、道德规范转化为受教育者个体的思想品德的社会实践活动。一般来说，一定社会对人们思想品德的要求与人们实际的思想道德状况是存在差距和矛盾的，解决这一矛盾是高校思想政治教育的主要任务，要完成这一任务，就必须向人们进行社会主导意识形态的灌输与教化，使人们的思想品德向社会主导意识形态要求的方向发展。在某种意义上讲，高校思想政治教育过程，就是教育者实施社会主导意识形态的灌输、受教育者接受这种灌输并将社会主导意识形态内化的过程。可见，高校思想政治教育具有鲜明的意识形态性，这种意识形态性集中体现为其主要任务就是对社会成员进行社会主导意识形态的灌输与教化。

强调高校思想政治教育的意识形态的灌输与教化本质的同时，并不否认高校思想政治教育也包含部分非意识形态内容的教育。社会意识是指社会的精神生活过程，包括政治、法律、道德、哲学、艺术等意识形式和各种社会心理。意识形态则是社会意识中构成社会上层建筑的那部分内容，所反映的是特定阶级或社会集团的意志，是一种特殊的社会意识，具有鲜明的阶级性。可见，意识形态和社会意识是既有紧密联系又有明显区别的两个概念。高校思想政治教育要全面提高人的思想道德素质，其内容以意识形态为主，又包括一些非意识形态的思想道德内容。例如，在各阶级社会以至社会主义社会，都有切勿偷盗、尊老爱幼等道德要求，这些要求主要体现了非意识形态性、非阶级性。当然，这些非意识形态性的内容在高校思想政治教育中处于从属地位，这是由高校思想政治教育的本质决定的。我们认为，在高校思想政治教育中，在坚持社会主义意识形态主导地位的前提下，注重非意识形态性内容的教育，既有利于满足人们精神生活全面发展的个性化和普遍性需求，又有利于推动不同意识形态性质的国家和地区的高校思想政治教育的交流与合作，可以从更广泛的意义上为推进人的社会化和人的全面发展服务。

（二）通过提高人的思想道德素质为社会全面发展进步服务

高校思想政治教育的意识形态灌输与教化的本质，决定了高校思想政治教育必须为社会的全面发展进步服务；而高校思想政治教育为社会全面发展进步服务，是通过提高社会成员的思想道德素质实现的。提高人的思想政治素质、促进人的全面发展，是高校思想政治教育本质的体现，是所有高校思想政治教育活动的共同目的。

首先，高校思想政治教育源于人类生存与发展的客观需要。马克思主义认为，需要是人类社会生活的动因和根由，人类历史的逻辑起点是人的需要。而任何需要都只有通过实践才能得到满足，任何实践都是为了满足一定需要的实践；需要是实践的驱动力，实践是满足需要的唯一途径。正是在需要的推动下，人类通过生产实践改造自然，开创了自己的文明史，创造了丰富的物质和精神财富。社会是由人构成的，社会成员在生产实践过程中必然会形成一定的社会关系。马克思指出，人们在生产中不仅仅影响自然界，而且也互相影响。他们只有以一定的方式共同活动和互相交换其活动，才能进行生产。为了进行生产，人们相互之间便发生了一定的联系和关系；只有在这些社会联系和社会关系的范围内，才会有他们对自然界的影响，才会有生产。一般来说，人们改造世界的实践行为是人们现实地处理人与自然、人与人关系的一种客观物质活动。在改造世界的实践活动中，必然会出现主客体矛盾和其他矛盾，人的思想问题和认识问题也难以避免。如果不能有效地解决这些矛盾和问题，人类改造世界的活动就会受到干扰，而高校思想政治教育在解决这些矛盾和问题的过程中具有不可取代的重要作用。如果高校思想政治教育者深入到人们所从事的实践活动中去，熟悉其实践活动的环境、工具、对象、过程和结果，就可以较为深入地了解和把握这些矛盾和问题，进而帮助人们较好地解决这些矛盾和问题，促使人们更有效地从事改造世界的活动，更好地满足自己生存和发展的需要。

人为了生存与发展，还必须进行"人自身的生产"。每日都在重新生产自己生命的人们开始生产另外一些人，即繁殖。人类繁衍出的下一代人所需要的适应社会生存、发展的经验、知识、技能和社会规范并不是与生俱来的，而是后天学习的结果。人类在改造世界的过程中，创造了巨大的物质财富和精神财富——文化。文化的本质在于传播，而高校思想政治教育正是人类文化传播的重要途径。高校思想政治教育活动影响着每一个社会个体，将社会文化尤其是其核心——价值观及社会规范传递、落实到每个社会成员身上。如果缺乏这一社会化过程，青年一代将难以适应社会生活，人们世代积累起来的经验、知识、技能、社会规范等精神财富就可能因此中断，社会的发展就会止步不前。由此可见，高校思想政治教育是一种特殊的社会文化传承的活动。

其次，高校思想政治教育具有提高人的思想道德素质、促进人的全面发展的特殊功用。人的生存和发展需要高校思想政治教育，高校思想政治教育是满足人的生存和发展需要的重要方式。这种需要和满足的关系体现出高校思想政治教育的特殊价值，即高校思想政治教育对人的思想道德素质的促进以及在此基础上对人的全面发展的促进。促进人的全面发展是高校思想政治教育的终极目标。高校思想政治教育正是通过提高人的思想道德素质、促进人的全面发展而作用于社会生活的。人具有丰富的精神生活需要，满足这一需要对人的发展具有极其重要的意义。高校思想政治教育通过丰富多彩的活动，有助于满足人们精神生活的需要，丰富人们的精神生活，从而提高人们的思想道德素质，帮助人们树立正确的世界观、人生观、价值观，以昂扬向上的精神状态投入到中国特色社会主义建设事业中。此外，高校思想政治教育还通过多方面的活动，为提高人的智能素质提供强大的精神动力，提高人的身心素质和审美素质，促进人的个性的发展，所有这些最终都指向人的全面发展。可见，高校思想政治教育在提高人的思想道德素质、促进人的全面发展方面具有独特的功能，是其他任何社会活动都无法取代的。

最后，高校思想政治教育是协调人的全面发展和社会全面发展进步的重要手段。高校思想政治教育的根本依据与最终动力，存在于人的发展与社会发展的矛盾之中。高校思想政治教育立足于人的发展，就是通过把人的思想道德素质提高到社会发展所要求的水平上来解决所面临的基本矛盾，并以此促进社会的全面进步。一般而言，人的发展与社会发展是辩证统一的，具体表现在：第一，人的发展与社会发展互为前提和基础。人的发展是社会发展的前提，社会是由人构成的，离开了人的发展，就谈不上社会的发展。人越全面发展，社会的物质文化财富就会创造得越多，人民的生活就越能得到改善。社会发展为人的发展提供条件和手段。物质文化条件越充分，又越能推进人的全面发展。第二，人的发展和社会发展相互促进、共同发展。在高校思想政治教育过程中，既要考虑个人的发展，又要适应社会发展的要求，并将二者有机地结合起来。当然，人的发展与社会发展也存在矛盾，高校思想政治教育就是解决这一矛盾，实现二者相互转化、共同发展的重要方式，是协调人的发展与社会发展的重要力量。通过深入细致的高校思想政治教育，能够有效地促使受教育者将社会发展的要求内化为自身的思想道德素质，将人的思想道德素质提高到社会发展所要求的水平上，使人成为社会生活的主体，从而实现人的发展和社会发展的相互促进和相互转化。

总之，提高人的思想道德素质、促进人的全面发展，是高校思想政治教育的立足点，是高校思想政治教育价值的根本所在和本质体现。

二、高校思想政治教育的功能

（一）高校思想政治教育的个体性功能

1. 高校思想政治教育的个体生存功能

高校思想政治教育的个体生存功能是指高校思想政治教育在引导人类个体遵循客观规律，服从生存法则以便求得更好的生存状态的过程中所发挥的作用。马克思主义认为，人的生命活动不同于动物的本能活动，人是能动的社会存在物，实践是人类不同于动物的社会生命的特殊运动形式，是人类的存在方式。正是在实践活动过程中，人才成为一种自我创造的主体性存在。一般来说，每个人既生活在物质世界中，也生活在精神世界中。人为了生存，必须满足基本的生理需要，在此基础上，才能去追求更高层次的心理需要和精神需要的满足。这就是说，人的基本需要是人的高层次需要如自尊、求知求美、自我实现等需要的基础，没有健康的生命，崇高的道德精神就缺乏现实的物质前提，对德行的追求离不开个体生命物质需要的满足。可见，物质需要的满足，既是人生存的基本要求，也是人全面发展的基础。马克思、恩格斯指出，我们首先应当确定一切人类生存的第一个前提，也就是一切历史的第一个前提，这个前提是：人们为了能够"创造历史"，必须能够生活。但是为了生活，首先就需要吃喝住穿以及其他一些东西。因此，第一个历史活动就是生产满足这些需要的资料，即生产物质生活本身。就个体而言，他自身的生存需要，决定了他对物质利益的追求。高校思想政治教育应尊重和理解人的这种追求，通过促进物质文明的发展，不断改善人的生活条件，提高人的生活质量，最大限度地满足人们日益增长的物质生活需要。然而，马克思主义人的本质观告诉我们，人既具有自然属性，又具有社会属性，人的物质需要固然十分重要，精神需要也不可或缺，这是人的社会性特征的重要表现。人的社会属性决定人是一种超越性存在，人就是在这种超越中不断从动物性存在提升到人性存在，不断提高自己的生存质量，不断提升人性发展的层次和境界。因而人的意义世界绝不限于自己"活着"，人所追求的应是比"活着"更有意义的意义，并用这样的意义世界去引导和规约他的物质世界。因此，高校思想政治教育不能仅仅停留在对人的物质需要追求的尊重上，而应引导人们实现从功利物欲到精神境界的升华，努力提升人的精神品质。

人的物质需要满足的方式，不是自发形成的，而是在高校思想政治教育等多种因素的影响下逐渐形成的；意义世界的建构，更离不开高校思想政治教育的作用。而真正的高校思想政治教育应是一种既教人以生存手段和技能，使人能很好地把握物质世界，又教人以生存的意义和价值，使人能自主建构自己的意义世界、精神世界的活动。高校思想政治教育应是这两方面活动的协调与统一，如果只重前者而放弃后者，那么由人的知识和能力所创造的物的世界，就可能因为缺乏正确的引导和规约而给人们带来灾难和困惑，造成人类的生存危机。因此，建构人的意义世界是人类生存的内在要求，对于人的生存和发展具有十分重要的意义。高校思想政治教育在人的意义世界的建构中承担着重要的职责，发挥着重要的作用。第一，高校思想政治教育有助于人的物质生活的顺利进行。高校思想政治教育的基本任务是要帮助人们形成正确的世界观、人生观、价值观，理解和掌握道德原则和行为规范等，这些观念、原则、规范看起来是约束个体的异己的力量，但正是这些异己的东西才能够使个体在社会性的生活中生存下去，也正是这些东西赋予个体以力量，使其在社会生活中充分发挥其作用。第二，高校思想政治教育是人的精神生活的一种方式。在人的精神生活中，高校思想政治教育是一种重要的沟通方式。这种沟通方式强调人与自然、人与社会、人与自我之间的交流和对话，强调从人的内部精神生活角度来适应和认同客观外部世界。在社会生活中，人们往往追求社会和个人的功利性需要，而人特有的反思性品质会使自己不断地反思自己的生命与精神世界的内在联系，并努力建立这种联系。如果一个人已经建立了这种联系并在反思的过程中不断调整这种联系，那么，他便能在情感和理性的平衡中寻找到生存和发展的意义。高校思想政治教育正是促使人的这种反思的重要力量，也是这种反思的重要方式。

2. 高校思想政治教育的个体发展功能

高校思想政治教育的个体发展功能是指高校思想政治教育对塑造人的品德、促进人的发展所起的作用，主要体现在以下几方面。

第一，引导政治方向。就是运用启发、动员、教育等方式，将受教育者的思想和行为引导到符合社会发展要求的方向，即通过丰富多彩的活动及多种方式，提高受教育者的思想道德素质，促使受教育者保持坚定正确的政治方向。具体说来，对受教育者的引导可从以下方面进行：一是目标导向，即确定明确而具体的奋斗目标，引导教育对象向目标奋进；二是政策导向，主要是通过宣传党的路线、方针、政策来引导教育对象的思想，以提高其认识，规范其行为；三是舆论导向，即利用赞赏、激励、批评、监督等手段，营造良好的舆论氛围，以正确的舆论调节和规范教育对象的思想行为，对教育对象形成一种强大的约束力和导向力。

第二，约束规范行为。高校思想政治教育通过向人们传授法律、道德等社会规范，通过肯定、褒奖符合社会规范的行为，否定、批评背离社会规范的行为，能较好地实现对人的行为的约束和规范。约束规范人们行为的功能是高校思想政治教育的重要功能，如果高校思想政治教育仅仅停留在抽象的思想观念的教育上，而没有明确的规范要求，就很难把教育对象的思想和行为引导到正确的轨道上来，就有可能出现道德失范、行为越轨的情况。因此，高校思想政治教育要帮助受教育者形成正确的法制观、道德观，引导受教育者自觉遵循法律规范和道德规范，在社会规范允许的范围内从事创造性的活动。

第三，激发精神动力。高校思想政治教育的激励功能体现为运用多种激励手段，充分调动教育对象的积极性、主动性和创造性，促使其积极参加社会主义现代化建设。由于人的积极性与人的需要密切相关，需要越强烈积极性就越高，而人的需要又包括物质需要和精神需要，因此，激励可从总体上分为物质激励和精神激励两大类，它们对人的激励作用都是不可或缺的。忽视或否定物质利益原则，不注意发挥物质激励手段在调动人的积极性中的作用是错误的。马克思说过，人们奋斗所争取的一切，都同他们的利益有关。因而高校思想政治教育要坚持物质利益原则，注意恰当地运用物质激励手段，引导受教育者理性地追求经济利益。但是仅仅依靠物质激励手段，信奉"金钱万能"，忽视或否定精神力量的作用，也是极端错误的。因为人的物质需要和精神需要是相辅相成的，物质决定精神，精神对物质具有反作用，因而精神激励又是绝对不可缺少的。激发受教育者参与中国特色社会主义建设的积极性，既要靠合理的物质激励，又要靠有效的精神激励，要靠高校思想政治教育。

在高校思想政治教育中，激励受教育者积极性的具体手段和方法是多种多样的。一是民主激励，即创造条件让教育对象确实行使主人翁权利，广泛参与重大问题的决策和管理，对领导者进行监督，以此调动教育对象的积极性。二是榜样激励，即通过先进典型示范，以激励教育对象提升思想品德水平，规范自己的行为。榜样教育会促进先进分子更上一层楼，也会触动后进分子，促使他们对照先进找差距，激励其上进心。三是情感激励，即通过满足教育对象的情感需要来激发其积极性。情感需要是人们最基本的心理需要，注意教育对象情感的满足，关心、理解、尊重、信任教育对象，公正、公平、公开地处理涉及教育对象的各种问题，为教育对象多办实事，是激发教育对象积极性的有效手段。四是奖惩激励，即通过奖励或惩罚来激励教育对象。通过奖励手段，可强化教育对象的合理动机和正确行为，使之发扬光大；而通过惩罚手段，则可中止教育对象的不良行为，改变其行为方向，并使其不合理动机消退。在运用上述手段时，应根据不同对象的不同情况，或单独使用某种手段，或综合使用多种手段，以形成有效的激励机制，最大限度地调动受教育者的积极性。

第四，塑造个体人格。高校思想政治教育的重要功能就在于塑造社会成员个体健全的人格，使受教育者形成崇高的精神境界和健康的心理品质，成为合格的社会成员，以积极主动地参与社会生活。而进行广泛深入的高校思想政治教育，可以更好地引导受教育者认识自己作为改造物质世界和创造社会历史的主人翁的主体地位，认识自己的历史使命和社会责任，从而提高受教育者的主体意识；可以更好地帮助教育对象树立远大的目标和崇高的理想，正确认识社会，认识人生，认识自己，提高其适应和改造客观环境的能力；可以更好地帮助受教育者摆脱传统文化中的依附性、保守性、被动性的束缚，时刻保持一种对生活的积极参与和主动创造的精神，自强不息，百折不挠，从而充分挖掘自身的潜能，实现自身人格的完善。由此可见，高校思想政治教育是人自我发展和自我完善的一种特殊精神力量，在个体人格塑造中发挥着重要的作用。

马克思主义关于人的全面发展的学说，不仅不排斥人的个性发展，而且把人的个性发展置于十分重要的地位，并把它看作社会历史演进的重要尺度。人的全面发展必定是人的个性的全面发展，人的全面发展过程正是个体的个性形成发展过程。根据马克思主义人的全面发展学说，高校思想政治教育应当重视受教育者的个性发展，致力于塑造个体人格。为此，要坚持实事求是的原则，努力做到具体问题具体分析，因人而异，鼓励受教育者合理地选择适合自己发展的形式，通过各种健康的渠道实现自己的人生价值。高校思想政治教育不仅要注意尊重和保护受教育者的个性，而且要有意识地为其发展创造出一种既有纪律，又有自由，既有统一意志，又有个人心情舒畅、生动活泼的适合于个性发展的良好的氛围，有意识地引导受教育者摆正个性发展与群体发展、社会发展的关系，划清个性发展与资产阶级个人主义的界限，从而使人们在一个更广阔的背景上理解和把握个性发展的意义和价值，提高个性发展的自觉性和主动性，促使个性获得更好地发展。只有这样，高校思想政治教育对于个性发展的积极塑造、培养和引导作用才会更充分地表现出来。毫无疑问，高校思想政治教育是个性发展的极其重要的手段和途径，而生机勃勃、健康积极的个性发展，也应当成为衡量高校思想政治教育成效的重要标志。

3. 高校思想政治教育的个体享用功能

高校思想政治教育的个体享用功能，是指高校思想政治教育能使每个个体实现其某种需要和愿望（主要是精神方面的），并从中体验到满足、快乐和幸福，从而获得精神上的享受。在建设社会主义和谐社会的进程中，正确认识高校思想政治教育的这一功能有着重要的现实意义。

高校思想政治教育的基本任务是要提高受教育者的思想政治觉悟，发展和完善受教育者的道德品质。个体思想道德品质的发展和完善具有多方面的功能。从社会的角度看，它可使个体与他人、个体与群体、个体与社会等各种关系都得到协调发展，从而构建和谐的人际关系环境，促进社会的稳定和发展，为社会主义和谐社会建设提供必要的条件。从个体的角度看，它有助于个体各方面的发展，有助于个体精神需要得到更好的满足，从而保证个体的学习、工作、生活的顺利进行。可见，个体思想品德的发展和完善是社会发展的内在要求，是人的内在精神需要，而高校思想政治教育正是满足这种需要的基本途径。

高校思想政治教育的个体享用功能是客观存在的。高校思想政治教育通过发展和完善人的思想道德品质，可从一个方面满足人的精神需要。而人的良好思想品德是一种把握现实世界的能力，它的特点是从人的善恶观念，也就是从一种内在尺度上把握现实世界。人良好的思想品德对世界的把握不仅表现在对善恶是非的认知上，而且更主要地表现为对自我、他人、社会等的致善上，即表现为道德价值世界的建构方面。人的致善活动也就是主体良好思想品德的对象化、外化活动，有助于更好地构建一个更善的外部世界，从这个由他参与创造的外部世界中，人必然会获得某种满足和幸福。因为高校思想政治教育有助于教育对象逐渐形成高尚的人生意境，处于这种意境之中，教育对象就可以用一种审美的心态去瞰视人生，并从中获得审美愉悦。以"助人为乐"为例，著名心理学家马斯洛（Maslow）从心理学的角度将这种来自为他人增加快乐的快乐，理解为人类所具有的认同体验（移情体验），当人的这种体验达到最高峰时，可以使整个身心处于一种超越自我的境界，从中获得一种幸福的体验。再如，"以德报德"是我国的传统美德，在我国社会生活中有着广泛的影响，人们相信德福一致。孔子说："何以报德？以直报怨，以德报德。"（《论语·宪问》）意思是说，有德、施德会得到好报，道德行为会给人们、也给自己带来幸福。对个人来说，自己的道德行为，不仅会受到他人的承认和赞扬、社会的奖赏及鼓励，而且更重要的是，自己也会在自身的道德行为中获得幸福和满足，因为帮助有困难的人，自己会感到实现和彰显了自我的价值，因而精神充实，幸福快乐，甚至灵魂都获得净化和提升。"送人玫瑰，手有余香"，这正是高校思想政治教育个体享用功能的重要体现。

马克思主义关于人的全面发展的学说告诉我们，人的精神活动能力的发展不仅包括创造精神产品能力的发展，而且包括人对社会已有的精神财富的享受能力的发展。马克思曾以音乐为例形象地说明，对象如何成为他的对象，这取决于对象的性质以及与之相适应的本质力量的性质，对于没有音乐感的耳朵说来，最美的音乐也毫无意义，不是对象。这就是说，一个人如果没有鉴赏音乐的能力，就无法欣赏、享用世界上一切美妙的乐曲。同样，一个人如果没有美好的道德心灵，他也就无从去体验人世间存在的一切善良和美好。只有不断发展和完善每个个体的德行，才能使他们体认与享用世界上一切美好的事物，而这正是高校思想政治教育的重要任务，也是高校思想政治教育个体享用功能的体现。

（二）高校思想政治教育的社会性功能

1. 高校思想政治教育的政治功能

高校思想政治教育的政治功能是指高校思想政治教育通过培养具备良好思想政治素质的受教育者以推动政治发展的作用，具体表现为以下几方面。

第一，传导主导意识形态，调节社会精神生产。马克思、恩格斯指出，统治阶级的思想在每一时代都是占统治地位的思想。统治阶级要使自己的思想成为占统治地位的思想，就必须加强对社会成员的思想政治教育，以使其思想在广大社会成员的思想中占主导地位，进而调节社会的精神生产。在我国，高校思想政治教育通过宣传马克思主义和社会主义核心价值体系，统一人们的思想，整合社会的精神生产要素，从而实现对精神生产的导向和调节；同时，还要揭露和批判与马克思主义意识形态相对立的思想，遏制和取缔不健康的精神生产和精神产品，从而使精神生产和精神产品直接为我国社会主义的经济基础和政治制度服务。这是高校思想政治教育政治功能的重要表现。

第二，传播主导政治意识，引导人们的政治行为。思想是行为的先导，人的政治行为总是受到一定思想观念支配的。高校思想政治教育通过传播我国社会主导的政治思想、法律规范和道德观念，有助于受教育者保持坚定正确的政治方向，提高政治判断力、鉴别力、选择力以及其政治参与的意识，形成较高的政治素养，从而更好地参与政治生活。在建设中国特色社会主义进程中，高校思想政治教育应强化其政治功能，也就是要通过各种途径，系统地对教育对象进行主旋律教育，包括共产主义理想教育，社会主义、爱国主义、集体主义教育以及社会主义法制观、道德观教育等，以培养一代"四有"新人，为社会主义民主和法制建设创造根本的条件。

第三，沟通社会信息，确保社会的有机联系，促进社会政治的稳定和发展。高校思想政治教育一方面要宣传马克思主义理论和社会主义先进文化以及党的路线、方针、政策，促使受教育者将马克思主义和先进文化内化，认同并贯彻执行党的路线、方针、政策；另一方面还要倾听受教育者的呼声，将受教育者的意见和建议反馈给有关部门，使之成为领导政治决策的依据。在纵向和横向的社会联系、社会交往中，高校思想政治教育扮演着重要的"沟通者"角色，对于加强党和人民之间的联系、协调人际关系、化解社会矛盾、促进社会的稳定和发展、增强民族凝聚力，起着不可或缺的重要作用。当然，高校思想政治教育对社会政治稳定的维护作用不是单独发生的，而是与社会的其他系统功能如民主建设、法制建设结合在一起发生的，因而高校思想政治教育应加强与相关社会系统的协调，形成合力，达到维护社会稳定、促进政治发展的目的。

2.高校思想政治教育的经济功能

高校思想政治教育的经济功能是指高校思想政治教育通过调动教育对象的积极性，使其主动参与经济活动以促进经济又好又快地发展。概括地说，高校思想政治教育的经济功能主要表现为以下几方面。

第一，高校思想政治教育是经济建设坚持社会主义性质和方向的可靠保证。物质生产本身没有阶级性，但生产力总是同一定的生产关系相联系的，经济基础总是同一定的上层建筑相联系的，因而物质生产的发展也有方向问题。从人类文明发展史来看，任何一个社会的统治阶级，都必然要以本阶级的思想体系和政治理念来影响社会的物质生产，规定经济发展的方向。我国是社会主义国家，我国的现代化只能是社会主义现代化，高校思想政治教育的经济功能首先就表现为要确保我国现代化建设的社会主义方向。思想工作和政治工作，是完成经济工作和技术工作的保证，它们是为经济基础服务的。思想和政治又是统帅，是灵魂。可见，以马克思主义为指导的高校思想政治教育，是我国经济建设始终沿着中国特色社会主义道路前进的保证。在经济活动领域，高校思想政治教育通过帮助受教育者牢固树立建设中国特色社会主义的共同理想，提高受教育者贯彻执行党的路线、方针、政策的自觉性，就能有效地确保我国经济建设始终沿着社会主义道路前进。

第二，高校思想政治教育是推动社会生产力发展的精神动力。生产力是人们解决社会同自然矛盾的实际能力，是人类协调和改造自然使其适应人类需要的客观物质力量。总的来说，构成生产力的基本要素包括物的要素和人的要素，物的要素主要是指劳动对象和以生产工具为主干的劳动资料，人的要素则是指具有一定知识、劳动技能和生产经验的劳动者，两者在物质生产过程中是结合在一起共同起作用的。物的因素虽然是生产力的基础因素，但它只有被人掌握，只有和劳动者紧密结合起来，才能形成现实的物质生产力，因此人的因素是生产力中起主导作用的因素，是推动社会生产力发展的决定性因素。而人的因素又包括两个基本方面：一是人的科学文化素养和劳动技能，主要是指劳动者对生产、技术等规律的认识和掌握程度以及劳动者的业务能力，即劳动者的智力因素，它直接作用于生产资料；二是人的思想道德素质和劳动积极性，主要是指人的思想觉悟、劳动态度、事业心和责任感等，也就是人的非智力因素，它通过智力因素间接作用于生产资料。这两方面因素相互影响、相辅相成、密不可分。人的科学文化素养和劳动技能既是生产力发展的必要条件，也是提高受教育者思想道德素质和劳动积极性的重要智力条件。而受教育者的思想道德素质和劳动积极性也是生产力发展的重要条件，是促进生产力发展和提高受教育者的科学文化素养、劳动技能的精神动力。如果劳动者思想道德素质不高，缺乏劳动积极性、主动性和责任感，即使他具有较高的科学文化素养和劳动技能，这些智力因素也难以得到充分发挥和运用，因而会对生产力发展构成制约。可见，人的思想道德素质在社会生产力发展中起着非常重要的作用。而高校思想政治教育就是提高劳动者思想道德素质的工作，就是调动受教育者工作和生产积极性、主动性的工作。高校思想政治教育深入细致且有效，就能更好地提高劳动者的思想道德素质，进而促进生产力更好更快地发展。由此可得出结论，高校思想政治教育是促进生产力发展的精神动力。我国生产力发展实践表明，劳动者经由高校思想政治教育和社会实践具备了良好的思想道德素质和较高的工作积极性与主动性，就会积极主动地学习科学文化知识，自觉地提高劳动技能，努力改进生产工具、革新工艺、采用新技术，不断地变革劳动组织，创造性地进行生产管理，从而大大促进生产力的发展。可见，高校思想政治教育通过提高劳动者的素质参与物质财富的创造活动，是物质文明建设不可缺少的重要因素。

第三，高校思想政治教育是营造经济建设发展所需的和谐社会环境的重要手段。物质资料的生产是人类社会生存的基础，人类历史就是物质生产发展的历史。而为了更好地进行物质生产，人们之间必然要建立某种联系或关系。正如马克思所说，为了进行生产，人们便发生一定的联系和关系；只有在这些社会联系和社会关系的范围内，才会有他们对自然界的关系，才会有生产。为了维系人们之间的这种联系和关系，并使之处于和谐状态，需要对人们之间的关系进行协调。而对这种关系的协调，除了依靠政治和法律等手段外，还需要依靠思想道德规范。通过广泛而有效的高校思想政治教育，化解矛盾、协调关系、理顺情绪，以保持人与人、人与社会之间正常的稳定的联系和关系，维护个人的心理平衡，为经济建设营造和谐的社会环境，促进经济建设更好更快地发展。

高校思想政治教育营造社会环境的作用是多方面的，手段多种多样，这里着重探讨高校思想政治教育通过对社会生活的调节营造良好的社会环境的情况。大致说来，高校思想政治教育对社会生活的调节主要通过以下途径来实现：一是心理调适。人是自然、社会和心理活动的统一体，人的任何一种活动都伴随有心理活动，人的很多思想问题，也都和心理因素紧密相连。因此，对受教育者进行心理调适，是使包括经济活动在内的各种活动顺利进行、解决受教育者的思想问题、促进其发展的必要手段。高校思想政治教育要善于运用心理调适的方法解决受教育者的思想问题，增进其心理健康，为经济建设创造良好的心理环境。二是人际关系调适。在现实生活中，由于各种原因，人与人之间的关系在很多时候会出现矛盾乃至冲突，这些矛盾或冲突会影响人们的生活和社会的和谐，因而必须对其进行协调。高校思想政治教育就是协调人际关系的重要手段。高校思想政治教育通过帮助人们化解人际矛盾，缓解人际冲突，可以帮助人们理顺人与人之间的关系，建立团结、互助、友爱、平等的和谐人际关系，从而为经济建设营造良好的人际关系环境。三是情绪调控。人们在现实生活中遇到矛盾和困难，情绪就会发生变化，甚至出现不满、怨恨等负面情绪。这种负面情绪如果得不到缓解，就可能给个人工作和生活造成困扰，给经济建设带来障碍，因而必须及时对人们的情绪进行调节。高校思想政治教育是调节人们情绪的重要途径。通过深入细致的高校思想政治教育，帮助受教育者化解思想矛盾、稳定情绪、疏通思想、宣泄情绪，创造条件、转移情绪，重定目标、升华情绪，从而使受教育者的情绪得到及时有效的调适，获得新的平衡。这样能大大减少社会的不安定因素，使受教育者以饱满的热情投入到社会主义现代化建设中。四是利益关系调节。在现实生活中，群体与群体之间、群体与个体之间、个体与个体之间会经常出现利益矛盾，如果不及时对其进行调节，就有可能影响经济建设的顺利进行。对利益关系进行调节的手段是多方面的，除了法律、制度、政策等基本手段外，高校思想政治教育也是不可或缺的重要手段。高校思想政治教育对人们利益关系的调节主要是指对由于一些具体的、特殊的原因造成的个人或群体之间的利益矛盾的调节，属于微观调节的范畴。具体做法是关心受教育者的疾苦，多为他们办实事，努力创造条件满足他们对物质利益的合理需要；帮助受教育者树立正确的价值观和利益观，正确处理国家、集体、个人三者之间的利益关系；引导受教育者理性地追求个人利益，通过正当途径和手段获得物质利益。高校思想政治教育对利益关系的调节，有助于在全社会范围形成一种公正、合理、和谐的利益关系，从而为社会主义现代化建设营造良好的社会环境。

3. 高校思想政治教育的文化功能

高校思想政治教育的文化功能指的是它对社会文化及其发展所发生的作用。从文化的运行过程来看，高校思想政治教育的文化功能包括文化传播功能、文化选择功能、文化创造功能等。

第一，高校思想政治教育的文化传播功能。高校思想政治教育是教育者用一定的思想观念、政治观点、道德规范对教育对象施加有目的、有计划、有组织的影响，使他们形成符合一定社会发展要求的思想品德的社会实践活动。所谓"思想观念、政治观点、道德规范"，都属于文化的范畴，是政治文化和伦理文化的组成部分。在某种意义上讲，高校思想政治教育就是政治文化、伦理文化的传播过程，目的是实现个体的政治、道德社会化。在这一过程中，同时存在着两种活动：一是社会通过高校思想政治教育等形式传播思想政治信息和社会主导意识形态，促使受教育者接受社会主导文化的价值观，形成符合社会要求的行为模式；二是受教育者个体通过学习、模仿以及社会实践等形式获得思想道德知识，形成一定的政治观点、政治态度、政治信仰、政治情感及其制约下的政治行为。这两种活动在高校思想政治教育过程中相互联系、相互作用，辩证地统一在一起。可见，高校思想政治教育传播政治伦理文化的过程，不是那种"我说你听、我打你通"的单向灌注过程，而是一种同为信宿、同为信源的双向信息交流和情感互动过程。

需要指出的是，高校思想政治教育传播文化的过程，也是保存和活化社会文化的过程。如果没有高校思想政治教育的传播，政治文化、伦理文化就只能表现为储存形态的文化，即蕴藏于物品或文献中，而不能被人们掌握和运用，难以在实际政治生活和道德生活中发挥作用。只有通过高校思想政治教育，才能使储存形态的政治伦理文化转变为现实的政治伦理文化，使特定的政治伦理文化与人的观念、智慧、意志、情感建立起联系，使社会规范成为人们维持良好生活秩序的准则，使健康的审美情趣和民族风俗成为丰富人们生活的内容和方式，使政治文化在社会生产和社会生活中发挥作用。

第二，高校思想政治教育的文化选择功能。高校思想政治教育对文化的传播，并不是对现有文化的全盘照搬，而是一种文化选择过程，包含对文化的撷取与吸收、排斥与舍弃。通过这种选择，在历史、当代、未来间建立起发展的链条，在东方文化与西方文化间建立起交流的桥梁，并据此去发展文化，推动社会进步。高校思想政治教育的文化选择功能主要是通过批判地吸收文化这一方式完成的，具体地说，就是根据一定社会的需要和高校思想政治教育目的对传统文化与外域文化批判地借鉴吸收，有选择地加以传播，使其符合我国社会主义现代化发展的要求，符合我国先进文化发展的方向。要发挥高校思想政治教育的文化选择功能，首先，高校思想政治教育者必须树立正确的文化价值观，提高文化选择的自觉性；其次，要加强对中华民族传统文化的批判继承和创造性地转化，加强对西方文化的理性借鉴和批判改造，即要积极主动地对各种文化现象、文化因素进行科学分析、鉴定、筛选、利用；最后，要加强对受教育者文化选择的引导，注意提高其文化鉴别和选择能力，使其在文化交流和冲突中进行正确的文化选择。

第三，高校思想政治教育的文化创造功能。自20世纪50年代以来，科学技术飞速发展，世界范围的文化交流日益加强，各民族文化的联系愈益紧密，竞争也越来越激烈。要提高中华民族文化的竞争力，使民族文化与时俱进，保持强劲的发展势头，就必须培养一大批具有文化创新能力的人才，而这正是当代高校思想政治教育的重要责任。高校思想政治教育通过培养具有创造精神和创造能力的人才，有力地推动文化的创新。同时，高校思想政治教育在传播文化的过程中，不是充当机械的"传声筒"，而是在不断地对政治文化、伦理文化进行整合、创新，并以最恰当的方式向受教育者进行传递，这一过程实际上也是文化的创造过程。可见，高校思想政治教育的文化创造功能是客观存在的。在文化竞争日益激烈的今天，高校思想政治教育一定要高度重视创新型人才的培养，并创造性地传播政治文化和伦理文化，以充分发挥其文化创造功能。

将高校思想政治教育的功能分为个体性功能和社会性功能两个方面进行分析，在理论上是完全必要的。但在实际工作中，这两个方面的功能是紧密联系在一起的。个体性功能的实现不能脱离社会性功能空谈，社会性功能也需要个体性功能作为其实现的中介。我们应注意使两者有机统一起来，从而最大限度地发挥高校思想政治教育的功能。

第二节　高校思想政治教育的目的

一、高校思想政治教育目的的类型

高校思想政治教育目的，是指通过高校思想政治教育活动，在受教育者的思想和行为方面所期望达到的结果。换言之，高校思想政治教育目的是教育者依据社会发展的要求、受教育者精神世界发展的需求等对受教育者思想品德方面的质量的一种期望和规定。高校思想政治教育目的是开展各项高校思想政治教育活动的依据和动力，体现出高校思想政治教育的价值取向。

高校思想政治教育的目的不是单一的，而是集合的，是一个目的体系，可以根据一定标准从不同角度进行分解，将其分为不同的类别和层次。

（一）根本目的和具体目的

这是按目的在高校思想政治教育目的体系中的地位所作出的划分。

我国的高校思想政治教育以共产主义为方向，直接作用于人的思想品德，是培养人的思想道德素质的活动。高校思想政治教育的这一性质规定了我国高校思想政治教育的根本目的是提高人们的思想道德素质，促进人的自由全面发展，激励教育对象为建设中国特色社会主义，最终实现共产主义而奋斗。这一根本目的包含相互联系的两个方面：一是提高教育对象的思想道德素质。高校思想政治教育是满足人们精神世界发展需要的一种方式，是提升人的精神品质的社会实践活动，而提高人的思想道德素质是这一活动的内在目的。进行高校思想政治教育就是要使受教育者具备良好的思想道德素质，如崇高的理想、优良的品德、强烈的事业心和责任感、坚强的毅力、严格的纪律等。而较高的思想道德素质不仅是人们其他方面发展的保证，而且是人们发挥参与现代化建设积极性的内在基础。可见，提高受教育者的思想道德素质，可以更好地激励其为建设中国特色社会主义、实现共产主义而努力奋斗。二是促进人的自由全面发展。人的自由全面发展既是共产主义的理想目标，也是社会主义的本质要求。社会主义的本质是解放生产力，发展生产力，最终落脚点是人的自由全面发展，而这正是高校思想政治教育的终极目的。高校思想政治教育是通过人这个中介作用于社会生活的。只有促进人的自由全面发展，才能使受教育者更积极、更主动地投身于中国特色社会主义建设事业中，也才能为共产主义的实现准备更充分的条件。

高校思想政治教育的根本目的是高校思想政治教育的最高目的、终极目的，它是原则性的，笼统的，只是指明了高校思想政治教育活动的方向。但这并不是说根本目的是虚设的、不起作用的。根本目的是高校思想政治教育的灵魂，是长久起作用的目标，是团结和动员高校思想政治教育者及受教育者共同奋斗的旗帜。没有这面旗帜，高校思想政治教育就会改变性质。因而这一根本目的对于高校思想政治教育具有极其重要的意义，它规定了高校思想政治教育的共产主义方向，高校思想政治教育的一切活动都要符合这个根本目的。

高校思想政治教育的根本目的可以被看作长远目标，它要经过人们长期的努力奋斗才能达到。在高校思想政治教育过程中，这一长远目标一般须经过多层次分解，成为一个个具体目标，指导高校思想政治教育的具体活动。通过一个个具体目标的实现，才能一步步向长远目标迈进。可见，具体目标是根本目标的具体化，其作用在于把高校思想政治教育任务落实到高校思想政治教育机构或教育者个人身上，故又可称之为操作目标。高校思想政治教育活动的大部分内容都是由相关机构或教育者完成操作目标，因而，具体目标对于高校思想政治教育来讲也是很重要的。

（二）个体目的和社会目的

这是按作用对象对高校思想政治教育目的所作出的划分。

高校思想政治教育的个体目的，是指通过高校思想政治教育活动，在教育对象个体思想和行为方面所期望达到的结果，包括心理素质目的、思想素质目的、道德素质目的和政治素质目的等。心理素质目的是基础，思想素质目的是前提，道德素质目的是重点，政治素质目的是核心。高校思想政治教育的社会目的，是指通过高校思想政治教育活动，在全体社会成员的思想和行为方面所要达到的预期效果。社会目的比个体目的层次更高，包含了政治目的、经济目的和文化目的。政治目的是实现经济目的的根本保证，决定着文化目的的性质和内容；经济目的是政治目的和文化目的的基础；文化目的受政治目的和经济目的的制约，但又是政治目的和经济目的实现的必要条件。高校思想政治教育社会目的对高校思想政治教育个体目的起主导和支配作用，决定个体目的的形成、发展和实现；而个体目的又是高校思想政治教育社会目的实现的基础。

（三）远期目的、中期目的、近期目的

这是按时限对高校思想政治教育目的所作出的划分。

远期目的又可称作长远目的，是指经过相当长时期的持续努力方能实现的高校思想政治教育目标，在某种意义上可将其看作在一个长时期内要完成的基本任务。它反映的是社会发展的客观趋势和受教育者精神世界发展的长远需要，对高校思想政治教育活动具有长远的指导意义。远期目的的作用在于能够给高校思想政治教育活动指明具体的前进方向和奋斗目标。没有远期目的，高校思想政治教育的根本目的就会变得渺茫不清，高校思想政治教育活动就会失去方向。高校思想政治教育的中期目的是指需要经过较长时间的努力才能实现的高校思想政治教育目标。它实际上是将远期目的提出的基本任务作进一步划分，使之具体化，便于实施。没有中期目的，远期目的将难以有效实现。高校思想政治教育的

中期目的具有阶段性、局部性和过渡性，是高校思想政治教育的战役目标，对高校思想政治教育活动具有重要的指导作用。高校思想政治教育的近期目的是中长期目的的具体化，是高校思想政治教育当前想要达到的预期效果，具有现实性、具体性和可操作性，是高校思想政治教育的战术目标。高校思想政治教育的大部分活动都是要达到近期目的的，因而这一目的对高校思想政治教育很重要，对高校思想政治教育活动具有直接的指导作用。高校思想政治教育的远期目的、中期目的和近期目的相互影响、相互制约，远期目的指导和制约着中期目的和近期目的，中期目的是联系远期目的和近期目的的桥梁和纽带，起着承前启后的作用，近期目的是中期目的和远期目的实现的基础。

（四）观念性目的和指标性目的

这是按抽象程度对高校思想政治教育目的所作出的划分。

高校思想政治教育的观念性目的以抽象概念的形式表现出来，集中反映了高校思想政治教育目的的社会价值、发展价值和整体需要，具有明确的指向性和激励性。高校思想政治教育的指标性目的是由一系列以指标形式表现出来的具体目的组成的，是高校思想政治教育的观念性目的的具体化，人们可借助这套指标对高校思想政治教育活动进行具体检测或比较。在高校思想政治教育目的体系中，这两类目的都是不可缺少的。没有高校思想政治教育的观念性目的，高校思想政治教育的指标性目的就会失去依凭和方向；仅有高校思想政治教育的观念性目的而缺少高校思想政治教育的指标性目的，就难以对高校思想政治教育活动进行有效的评估。

二、高校思想政治教育目的的特征

（一）方向性和客观性的统一

高校思想政治教育目的的方向性特征是由目的的向量性所决定的。我们在确定高校思想政治教育目的时必须保证其方向的正确性。因为高校思想政治教育目的的方向正确与否直接关系到高校思想政治教育活动的性质和实际效果。具体来说，我国高校思想政治教育目的必须充分体现社会主义的性质和发展方向，必须为社会主义现代化建设事业服务，为实现党和国家的发展战略服务，为人的全面发展服务。同时，高校思想政治教育目的又必须以社会生活条件和教育对象的思想实际为前提和基础，这是高校思想政治教育目的客观性的突出表现。在确定高校思想政治教育目的时，必须将方向性和客观性有机地统一起来。

（二）一元性和多元性的统一

高校思想政治教育的根本目的是一元的，即提高全体社会成员的思想道德素质，促进人的全面发展，这是由我国社会主义制度和高校思想政治教育的性质所决定的。具体目的则是多元的，这首先是由高校思想政治教育对象的层次性所决定的。在现实生活中，教育对象的情况千差万别，因而对不同教育对象，如工人、农民、公务员、教师、学生等进行高校思想政治教育时，具体目的理所当然地应该有所不同。即使对同一类型教育对象进行高校思想政治教育，由于其个体具体情况不同，具体目的也应有差异。只有根据不同教育对象的实际情况确定高校思想政治教育的具体目的，才能使具体目的更贴近教育对象的思想实际，而不致空泛不着边际。其次是由党在不同领域、不同部门的具体目标所决定的。党在现阶段的奋斗目标是实现现代化，建设社会主义和谐社会，这个奋斗目标要分解为各个领域、各个部门的具体目标，各领域各部门的高校思想政治教育都要为实现这些具体目标而努力。这样，不同领域、不同部门乃至不同单位，其高校思想政治教育的具体目的就必然呈现出一定的差异性。总之，由于教育对象的思想特点随着社会的变迁而变化，由于党在各个历史时期的具体奋斗目标不同，高校思想政治教育在不同历史时期就会有不同的具体目的。换言之，高校思想政治教育的具体目的随着社会历史条件的变化而变化，具有历史性。在社会生活发生变化以后，应该适时地提出新的具体目的，引导受教育者与时俱进，不断提高其思想道德素质。

综上所述，高校思想政治教育的根本目的，按层次与阶段可以分成无数个具体目的。一个个具体目的联结起来，形成目的链。众多的具体目的，按最近层次、第二层次、较高层次的次序一个一个地加以实现，从而逐渐实现高校思想政治教育的根本目的。可见，高校思想政治教育的根本目的和具体目的是一个相互联系、相辅相成的有机统一体。在实际工作中，必须将高校思想政治教育的根本目的和具体目的统一起来。

（三）超越性和可行性的统一

高校思想政治教育目的的超越性主要表现为如下两个方面：一是高校思想政治教育对社会生活应保持一定的超越性，高校思想政治教育目的的要求应高于教育对象的现实的思想品德水平。科尔伯格指出，不管以阶段五还是阶段六来规定学校道德教育应达到的水平，都不要紧。但可以肯定地说，不能以比这两个阶段低的阶段的道德概念去规定道德教育的目的。对于年幼的儿童，我们在传授道德信息时确实可能会犯水平过高或水平过低的错误，而犯水平过低的错误比犯水平过高的错误更糟糕，这是因为，在信息水平过低的情况下，儿童会失去对所传递的信息的尊重。进行高校思想政治教育是要解决社会要求的思想品德规范与受教育者现有思想品德水平之间的矛盾，如果高校思想政治教育目的缺乏超越性，那就无法完成这一任务，高校思想政治教育也将失去其存在的意义。二是高校思想政治教育目的产生于高校思想政治教育活动之前，具有时间上的超前特性。

高校思想政治教育目的不仅应具有超越和超前的特点，还应具有可行性特征。也就是说，在确定高校思想政治教育目的时，应充分考虑社会发展及教育对象思想品德发展的实际。高校思想政治教育目的是对高校思想政治教育对象产生影响的预期，要实现这一预期，必须考虑到高校思想政治教育的客观条件，考虑到教育对象的接受状态。如果高校思想政治教育目的及其指导下的教育活动不能进入教育对象接受的阈限，高校思想政治教育目的就会被教育对象束之高阁，从而难以发挥其作用。

超越性和可行性是高校思想政治教育目的的既有区别又有紧密联系的两种特性。超越性建立在可行性的基础上，可行性则受到超越性的制约，两者是有机统一的。

三、高校思想政治教育目的的意义

历史唯物主义认为，有目的性是人类活动的重要特点，目的对人类活动顺利而有效地进行发挥着重要的作用。同样，高校思想政治教育目的对高校思想政治教育活动和教育对象思想品德的发展也有着非常重要的作用。

第一，高校思想政治教育目的为高校思想政治教育活动指明了方向。人的活动不是盲目随意的，而是有目的的。在社会生活中，不管是群体还是个体，无论做什么事，都要先确定目的，以明确活动的指向。高校思想政治教育不仅不例外，而且目的性更强，高校思想政治教育活动的方向就是由其目的所规定的。

高校思想政治教育的根本目的从总体上规定了高校思想政治教育活动的共产主义方向，对高校思想政治教育的具体活动具有引导和激励作用。高校思想政治教育的其他一切方面，如任务、内容的确定，原则、方法、载体的运用等都必须与这个方向一致，都必须有利于朝这个方向发展。体现高校思想政治教育根本目的的具体目的也在不同层面上保证着高校思想政治教育活动的共产主义方向。

第二，高校思想政治教育目的为思想政治活动提供动力。高校思想政治教育过程是教育者和受教育者的双向互动过程，只有教育者和受教育者都充分发挥主观能动性，积极参与互动，高校思想政治教育才能取得预期效果。而高校思想政治教育目的为激发教育者和受教育者的主观能动性提供了动力。对于高校思想政治教育者而言，高校思想政治教育的目的尤其具体目的往往具有时限性，可用具体指标加以衡量，体现为阶段性的任务，因而能较好地激发他们的活力，使他们积极主动地工作，为达到目的努力奋斗；对于受教育者而言，高校思想政治教育目的实际上就是他们的奋斗目标，教育目的所要求的思想政治素质就是受教育者应当努力达成的理想人格，因而它必然会对教育对象起到重要的引导作用。可见，高校思想政治教育目的在激发教育者活力的同时，也可以对教育对象产生巨大的激励作用，促使他们产生自我教育的积极性，不断向目的所指示的方向前进，从而不断提高自身的思想道德水平。

第三，高校思想政治教育目的为衡量高校思想政治教育活动成效提供依据。高校思想政治教育目的是整合高校思想政治教育所有具体评价标准的精神内核，不仅是高校思想政治教育活动应努力的方向，也是评估高校思想政治教育活动成效的重要依据。判断高校思想政治教育活动是否有成效以及成效的大小的重要依据就是高校思想政治教育目的。有助于达到目的的高校思想政治教育活动，就是有成效的活动，反之则是没有成效的活动。总体上看，高校思想政治教育活动是否有成效，主要是看高校思想政治教育根本目的的实现程度，即受教育者的思想道德素质是否提高，个性、能力是否得到全面发展等；从局部或具体单位看，高校思想政治教育活动的成效如何，要看活动的具体目标是否达到，如思想认识是否提高，工作学习积极性是否得到充分发挥等。可见，高校思想政治教育目的是衡量和评价高校思想政治教育活动成效的基本尺度。由于高校思想政治教育目的是社会发展的客观要求和受教育者内在精神世界发展的需求相互作用的产物，目的达到的状况客观上反映着社会和个人需求满足的程度，因而将高校思想政治教育目的作为衡量高校思想政治教育活动成效的标准是适宜的。

第三节　高校思想政治教育的任务

高校思想政治教育是整个社会大系统的一个组成部分，在社会生活中承担着特定的责任。这种特定的责任，就是高校思想政治教育的任务。高校思想政治教育目的的达成，功能的发挥，都有赖于任务的顺利完成。

与高校思想政治教育目的一样，高校思想政治教育任务也具有层次性。总体上看，高校思想政治教育任务可以分为三个层次：根本任务、一定时期的主要任务、具体任务。这三个层次的任务相互联系，相互影响。根本任务贯穿在不同时期、不同领域的高校思想政治教育中，起着统领作用，它规定着主要任务和具体任务的方向；具体任务和主要任务的完成，又推动着根本任务的完成。在高校思想政治教育中，我们应注意将这三者统一起来。

由于高校思想政治教育的根本任务对高校思想政治教育具有决定性的影响，并直接制约着高校思想政治教育的主要任务和具体任务，抓住了根本任务，就抓住了高校思想政治教育任务中的主要方面，因而本章着重讨论高校思想政治教育的根本任务的确定及有关问题。

一、高校思想政治教育根本任务的确立依据

高校思想政治教育的根本任务是高校思想政治教育在社会主义现代化建设中所承担的最重要的责任，是为达到高校思想政治教育的根本目的所需要完成的基本工作。这一根本任务是高校思想政治教育活动的中心，全部高校思想政治教育都必须围绕这一根本任务开展活动。在任何时候，都应坚持把培育"四有"新人作为高校思想政治教育的根本任务不动摇。

第一，培育"四有"新人是人类社会发展进步的客观要求。人类社会的发展，是循着从低级走向高级这个客观规律发展的。总体上说，人类社会总是不断发展进步，走向高度文明的。社会的高度文明，包括物质文明、政治文明和精神文明，在客观上都要求社会成员的思想道德素质和科学文化素质达到较高的水平，也就是获得全面发展。按照马克思主义关于人的全面发展的学说，人的全面发展，只有在社会发展到一定的历史阶段，即既有发达的大工业，又消灭了剥削制度这样一个阶段才有可能实现。原始社会、奴隶社会、封建社会、资本主义社会都不能满足这两个条件，因而在这些社会里，人的发展从根本上来讲是畸形的、片面的。社会主义社会是人类社会发展的新的文明阶段，它要求其社会成员的素质达到较高水平以与新的文明相适应，这种较高的素质在现阶段主要表现为有理想、有道德、有文化、有纪律。同时，社会主义消灭了剥削制度，社会化大生产已有了一定规模，因而为社会成员思想道德素质和科学文化素质的全面提高创造了一定的条件。因此，在社会主义社会，培育"四有"新人不仅是必要的，而且也是可能的。高校思想政治教育致力于培育"四有"新人，既是社会主义文明建设的需要，又是为社会发展到更高文明创造条件，以满足社会不断发展进步的需要。

第二，培育"四有"新人是建设高度的社会主义精神文明的内在要求。在建设社会主义物质文明和政治文明的同时，建设以马克思主义为指导的社会主义精神文明，是社会主义社会的重要特征。加强精神文明建设，是我国社会主义现代化总体布局的一个重要组

成部分。由于高校思想政治教育是社会主义精神文明建设的中心环节和基本形式，因此，其根本任务、工作中心的确定就必须与精神文明建设的根本任务相一致。高校思想政治教育要促进社会主义精神文明建设，充分发挥其在精神文明建设中的作用，首先就要努力培养一代"四有"新人，因为一代社会主义新人乃是建设高度的社会主义精神文明的重要条件，也是精神文明建设的落脚点。同时，高校思想政治教育本身就是培养人的事业，理应把全面提高人的素质放到首要的地位。因此，将培育"四有"新人作为高校思想政治教育的根本任务，既是建设高度的社会主义精神文明的需要，也体现了高校思想政治教育的本质，抓住了高校思想政治教育的核心。

第三，培育"四有"新人也是发展社会主义市场经济、建设和谐社会、实现社会主义现代化的内在要求和根本条件。在新阶段，我国社会主义现代化建设进入了一个新时期。大力推进市场经济，建设社会主义和谐社会，加快社会主义现代化进程，是目前全党全国工作的重心。发展市场经济，建设和谐社会，加快现代化建设步伐，显然需要包括经济、政治、科技、资源、政策、法律等多方面的条件。但其中最重要的是要有一代新人。因为人是社会活动的主体，当然也是发展市场经济，建设社会主义和谐社会的主体。在社会主义现代化建设的过程中，人是一个基本的因素。只有全面提高社会成员的思想道德素质和科学文化素质，使人这一现代化建设的主体充满积极性、主动性、创造性，经济、政治、资源、政策、科技、法律等方面的条件才能得到充分利用，才能顺利完成从计划经济体制向社会主义市场经济体制的转轨，完成从粗放型经济增长方式向集约型经济增长方式的转变，实现又好又快且可持续的经济发展，从而全面推进社会主义现代化。可见，人的因素在市场经济的发展和整个社会现代化建设中处于举足轻重的地位。实践表明，没有人的素质的全面提高，没有一代"四有"新人，市场经济的发展和各方面的现代化都会受到严重制约。一代"四有"新人是包括经济现代化在内的整个社会现代化的根本条件，已逐渐成为全社会的共识。党的十四大报告用明确的语言表达了这种共识："科技进步、经济繁荣和社会发展，从根本上说取决于提高劳动者的素质，培养大批人才。"只有培养出一代具有较高思想道德素质和科学文化素质的社会主义新人，才能顺利推进社会主义市场经济，满足社会主义现代化建设的需要。

二、完成新世纪新阶段高校思想政治教育任务的基本要求

高校思想政治教育的根本任务为确定一定时期高校思想政治教育的主要任务以及具体任务指明了方向。在任何时候，高校思想政治教育的主要任务以及具体任务，都要有利于

人的精神素质的全面提高，这是由高校思想政治教育的根本性质决定的，是高校思想政治教育任务的共性。因此，尽管完成不同层次任务的具体要求不同，但无论哪一层次任务的实施都必须遵循下列一般要求。

（一）突出主旋律教育

突出主旋律教育，要帮助人们正确理解爱国主义、集体主义、社会主义的科学内涵及时代特征，并引导人们将其内化为自己思想品德的有机组成部分。爱国主义是一个历史范畴，在不同的国家、不同的历史时期有不同的内容。在我国现阶段，爱国主义主要表现为献身于建设和保卫社会主义现代化事业，献身于促进祖国统一事业。因而进行爱国主义教育，在今天就是要引导人们热爱社会主义祖国，坚持四项基本原则，坚持改革开放，为振兴中华、实现社会主义现代化而努力奋斗。集体主义是社会主义社会思想道德领域中最基本的价值导向，是动员和团结全体人民投身于社会主义现代化事业的思想武器。集体主义的实质就是集体利益高于一切，全心全意为人民服务。集体主义一向是我国高校思想政治教育的核心内容，在市场经济条件下，高校思想政治教育仍然必须坚持对人民群众进行集体主义价值观的教育不动摇。社会主义是以生产资料公有制为基础的社会制度，其本质就是解放生产力，发展生产力，消灭剥削，消除两极分化，最终达到共同富裕。进行社会主义教育，就是要帮助人们认识到：社会主义一定要代替资本主义，这是人类社会发展的必然趋势。只有社会主义才能救中国，只有社会主义才能发展中国。在市场经济条件下，我们应根据变化了的情况，结合人们的思想实际，深入进行社会主义思想教育，坚定社会主义信念，保证我国永远沿着社会主义道路发展。

爱国主义、集体主义、社会主义教育是三位一体、相互促进的。在进行主旋律教育时，我们一定要全局在胸，注意到它们之间的紧密联系，既有所侧重，又必须在任何时候都使其相互补益，相互促进。只有这样，主旋律教育才能更好地发挥其整体效应，如春雨润物般地渗透到人们的意识中，才能使爱国主义、集体主义、社会主义变成人们思想以及行动上的主旋律。

突出主旋律教育，要引导人们把爱国主义、集体主义、社会主义思想付诸行动，积极投身于建设中国特色社会主义的伟大实践中。

如前所述，爱国主义、集体主义、社会主义三者紧密联系，不可分割，这三者统一的基础就是建设中国特色社会主义的实践。换言之，建设中国特色社会主义的实践，充分体现了爱国主义、集体主义、社会主义的有机统一。第一，建设中国特色社会主义是新时期爱国主义的主题。把我国建设成为富强、民主、文明、和谐的社会主义现代化国家，是当代中国人的根本任务。这一任务集中反映了全体人民的根本利益和愿望，是21世纪国家、民族前途的命脉之所系。因此，新时期爱国主义的基本内涵和最高主题就是建设中国特色的社会主义，全面实现中国的现代化。在今天，一切积极投身于社会主义现代化事业中的建设者、改革者，都是真正的爱国主义者。第二，建设中国特色社会主义是集体主义精神的大发扬。建设中国特色社会主义是全党和全国人民集体智慧的结晶，也是一项全民族的事业，是14亿中国人民的共同责任。只有动员和调动一切力量，发挥广大人民群众的积极性，依靠全国人民的集体奋斗，这一伟大事业才能成功。同时，在社会主义现代化建设的过程中，必然会出现某些矛盾和困难，出现某些利益关系失调，只有坚持集体主义价值导向，才能正确处理各种利益关系，化解种种矛盾，克服暂时困难，从而保证现代化建设顺利进行。建设中国特色社会主义是集体主义精神的集中体现。第三，建设中国特色社会主义是一条符合中国国情的社会主义建设道路，它初步解决了在中国这样一个经济文化比较落后的国家如何建设、巩固和发展社会主义的一系列基本问题，在理论和实践上都把社会主义事业向前大大地推进了一步。努力建设中国特色社会主义，就是坚持和发展社会主义。

正是因为建设中国特色社会主义充分体现了爱国主义、集体主义、社会主义的有机统一，所以，进行主旋律教育最后的落脚点就是引导人们积极投身于这一伟大实践。在这一实践中，继承和弘扬中华民族的爱国主义精神，坚持集体主义的价值导向，坚持社会主义信念，为实现社会主义现代化而努力奋斗。这是主旋律教育的出发点和最后归宿。

在社会主义市场经济条件下，在建设社会主义和谐社会的进程中，坚持主旋律教育，就抓住了高校思想政治教育的核心，就能用爱国主义、集体主义、社会主义统一人们的思想，协调人们的行动，使人们积极投身于社会主义现代化建设的伟大实践中，并在实践中逐步把自己培养成"四有"新人，从而较好地完成高校思想政治教育的各项任务。

（二）大力弘扬中华优秀传统文化

在新形势下，加强社会主义精神文明建设，就要弘扬祖国传统文化精华。高校思想政治教育是社会主义精神文明建设的基础性工作，是物质文明、政治文明和精神文明建设的基本保证，在高校思想政治教育中理所当然地要弘扬中华优秀传统文化。这对于完成高校思想政治教育的根本任务，全面提高人们的精神素质，具有重要的现实意义。

中华民族传统文化是中华民族发展史上不同时代文化的累积。作为各个时代精神的反映，传统文化自然有一定的历史局限性，其中有许多是属于过时了的文化，即失去了历史存在合理性的糟粕，当然应在剔除之列。但毫无疑问，传统文化中也有一部分内容超越了自己的时代而揭示出与人类总体或个体相关的一些永恒性的问题，这一部分内容就是传统文化的精华，应予以继承和弘扬。如"夙夜在公""国而忘家，公而忘私"的奉献思想，"天下兴亡，匹夫有责"的爱国主义情怀，"先天下之忧而忧，后天下之乐而乐"的崇高品德，"刚健奋进""自强不息"的进取精神，"富贵不能淫，贫贱不能移，威武不能屈"的立身情操，"苟利国家生死以，岂因祸福避趋之"的献身精神，"厚德载物""推己及人"的持生规范，"鞠躬尽瘁，死而后已"的勤勉风格；"经世致用""济世之穷"的积极用世思想等，都是中华民族传统文化的精华。这些内容是高校思想政治教育可借鉴及运用的重要的思想资源。在高校思想政治教育中，弘扬包括上述内容在内的优秀传统文化，无疑有助于人们形成崇高的理想，强烈的爱国主义、集体主义思想，为祖国繁荣昌盛努力奋斗的献身精神以及高尚的精神境界，一句话，将有助于全民的思想道德素质的提高。

（三）努力消除市场经济的负面影响

市场经济对我国社会生活的各方面都产生了巨大的影响。实践证明，发展社会主义市场经济，有利于更好更快地发展社会生产力，提高人民的生活水平；有利于更快地改变我国的社会面貌，推动社会的进步；也有利于人们摆脱许多思想上的禁锢，推动人们的观念更新，增强人们的自主意识、平等意识、竞争意识、效率意识、开放意识、民主法治意识以及积极进取、开拓创新的精神。这些就为完成高校思想政治教育的根本任务以及各项具体任务创造了良好的经济基础、社会环境以及必要的精神条件。但是，同任何事物一样，市场经济的影响也有双重效应，既有积极影响，如上所述，这是主要的；也有负面影响，这是次要的，然而也是不容忽视的。这种负面影响在思想道德领域里的主要表现，就是某些领域里的道德失范现象严重，一部分人的共产主义理想、社会主义信念模糊，集体主义观念淡薄，而拜金主义、享乐主义、个人主义在滋长。这种价值观、道德观的混乱和扭曲，使得一部分人唯利是图，为了钱不顾一切，胆大妄为，或非法侵吞国家财产，或大肆制造和推销伪劣商品，或大搞权钱交易，等等。精神生活方面存在的这些问题，败坏了党风、政风、社会风气，破坏了正常的生产和生活秩序，对公民尤其青少年的思想道德素质造成了消极影响。要完成高校思想政治教育的根本任务，保证社会主义市场经济的健康发展，就必须努力限制和消除这些负面影响。

限制和消除市场经济的负面影响，需要进行多方面的努力。从社会大系统的角度讲，就是要继续深化改革，建立和完善社会主义市场经济体制，尽快实现在市场经济基础上的新的社会整合，从而使市场经济的正功能得以充分发挥，负面影响减小到最低限度。从高校思想政治教育的角度来说，首先是要对市场经济的负面影响有清醒的认识并保持警惕。那种认为负面影响只是次要方面，可以不闻不问，或者认为负面影响会自然地随着市场经济的发展而消失，不必对之采取控制措施的观点是错误的、有害的。诚然，市场经济的负面影响是次要的，但其危害却是严重的，如不对之加以控制，就会导致社会生活的混乱，导致人们思想的混乱，培养"四有"新人的任务就难以完成。因此，必须对市场经济的消极影响保持高度警惕，进行认真分析，并对各种错误观念和不良倾向旗帜鲜明地展开斗争。其次，要继续坚持集体主义的价值观和为人民服务的道德观的教育。我们要发展的市场经济是社会主义市场经济，社会主义市场经济绝不允许个人主义以及损公肥私、损人利己的思想和行为泛滥；个人主义的价值观与社会主义市场经济是格格不入的。在社会主义市场经济条件下，要在全体人民中提倡为人民服务和集体主义的精神，帮助人们用正确的价值观、道德观抵御市场经济的负面影响，引导人们正确处理国家、集体、个人三者之间的关系，正确处理竞争和协作、自主和监督、效率和公平、先富和后富、经济效益和社会效益等关系。只有这样，才能保证市场经济的健康发展，形成和谐的人际关系，并保证全体社会成员自身的全面发展。

完成市场经济条件下的高校思想政治教育任务的要求当然不只上述几点，但毫无疑问，达到了上述基本要求，就可以比较顺利地完成当前高校思想政治教育的主要任务以及具体任务，并逐步地实现高校思想政治教育的根本任务。高校思想政治教育者一定要正确把握这些要求，以便更好地实施高校思想政治教育的各项任务。

第二章　高校思想政治理论课教学改革创新的指导依据和基本原则

第一节　高校思想政治理论课教学改革创新的指导依据

高校思想政治理论课教学改革创新，要在高校思想政治理论课教学改革创新目标的指导下，立足高校思想政治理论课，以高校思想政治理论课的课程性质、重要功能和基本特点为指导依据来开展。

一、高校思想政治理论课的课程性质

高校思想政治理论课的性质，就是高校思想政治理论课自身具有的本质规定性，高校思想政治理论课具有自身的特点，这也是高校思想政治理论课教学改革创新的立足点。高校思想政治理论课作为一种课程，除了具有一般课程的本质属性外，还具有自身独特的质的规定性。《中共中央、国务院关于进一步加强和改进高校思想政治教育的意见》明确指出："高等学校思想政治理论课是高校思想政治教育的主渠道。思想政治理论课是大学生的必修课，是帮助大学生树立正确世界观、人生观、价值观的重要途径，体现了社会主义大学的本质要求。"由此可见，高校思想政治理论课具有以下特点：高校是大学生的必修课程，是对大学生进行政治理论教育、思想品德观念教育等方面教育的必修课程，其教学成效的取得要注重理论与实际相结合。

一方面，高校思想政治理论课是对大学生进行政治和理论教育的必修课程。高校思想政治理论课是由国家统一制定和实施的，是每个学生的必修公共基础课。高校思想政治理论课的内容是体现无产阶级和广大人民群众意志，反映马克思主义意识形态要求，反映社会主义核心价值观要求，是由国家统一设立的，由国家统一制定教学基本要求，编写统一

27

教材，对课程的检查和评估也遵循国家统一制定的指标的课程。高校思想政治理论课具有自身的特殊性，是同其他哲学社会科学和其他课程有区别的课程。高校思想政治理论课是一门事关大学生的政治方向性的课程，是一门政治教育课程，体现了社会主义大学的本质特征。高校思想政治理论课是每位大学生的必修课程，但又区别于其他必修课程。社会主义精神文明建设的根本目的是要全面提高人的素质，培养有理想、有道德、有文化、有纪律并立志为人民、为祖国、为人类做贡献的"四有"新人。其中的"有理想"指的就是树立社会主义和共产主义的理想。高校对高校思想政治教育的有效进行，关系到社会主义的建设者和接班人的培养，关系到党和国家的前途和命运。

另一方面，高校思想政治理论课是培养大学生思想品德、价值观念的必修课程。高校思想政治理论课体现了社会主义大学的本质特征和要求，是一门对大学生进行思想、政治和道德教育的德育课程，在于通过课程教育来培养我国社会主义合格建设者和可靠接班人。思想政治理论课的主要任务是对学生进行马克思主义理论和思想政治教育，引导大学生树立正确的世界观、人生观、价值观，在于促进大学生思想政治素质的提升。高校思想政治理论课对大学生进行的马克思主义理论教育和思想品德教育不是一般意义上的单纯的科学文化教育，而是通过这些理论知识的教育来培养大学生正确的思想道德观念。高校思想政治理论课是一种专门的思想教育和品德教育，其根本目的在于使大学生树立科学的世界观、人生观、价值观和道德观。高校思想政治理论课的教育教学中不是把马克思主义和思想品德方面的理论知识当作一般的知识来学习，而是希望通过马克思主义相关理论的学习教育引导大学生树立科学的世界观，掌握科学的方法论，教育要引导大学生树立以社会主义集体主义为核心的人生观和价值观，同时能够自觉地将所学知识运用到实践中去分析问题和解决问题。高等学校思想政治理论课是高校思想政治教育的主渠道，是帮助大学生树立正确世界观、人生观、价值观、道德观的重要途径，这是对高校思想政治理论课的性质的准确定位，也是高校思想政治理论课教学改革创新的依据之一。同时，高校思想政治理论课是一门注重理论与实际相结合的课程。

高校思想政治理论课通过课堂教学的方式对大学生进行马克思主义理论和思想政治教育的课程，旨在教育大学生掌握马克思主义相关理论知识，提升自身思想道德素质。要教育引导大学生在理论知识学习的基础上，把知识内化成自身的思想道德素质，并外化为自身的行为和行为习惯，并在学习生活中学以致用。高校思想政治理论课具有很强的实践性，是理论与实际联系紧密的课程。高校思想政治理论课是一个知、情、意、信、行的完整过程，不仅仅是学习单一的专业知识，更是知识能力、素质水平的统合提升，而且要在行动实践中加以运用，其课程教学成效的发挥需要理论和实践的紧密结合。

二、高校思想政治理论课的重要功能

高校思想政治理论课的功能，指的是高校思想政治理论课所具有的效能和重要的社会作用。作为实现立德树人目标的关键课程，高校思想政治理论课是开展高校思想政治教育的主渠道，具有自身特定的教学内容，具有自身的作用和效能，对于大学生的教育培养起到了十分重要的作用。高校思想政治理论课教学改革创新要注重充分发挥思想政治理论课的功能，这样才能提升高校思想政治理论课教学实效性。高校思想政治理论课的功能主要包括以下三个方面。

（一）高校思想政治理论课具有导向功能

高校思想政治理论课自身独特的性质决定其具有导向功能，主要指的是政治上、思想上和行为上的导向。高校思想政治理论课作为思想政治教育的主渠道，其导向功能是由思想政治教育的目的性和方向性所决定的，体现了马克思主义理论体系和无产阶级意识形态的特征。高校思想政治理论课教学，除了要通过教学培养大学生掌握马克思主义理论相关知识，更重要的是教育引导大学生用马克思主义相关理论作为指导，树立正确的世界观、人生观和价值观，树立马克思主义的信念、信仰并在行动中坚持和发展马克思主义。

通过高校思想政治理论课教学，大学生会对党和国家的发展历史、指导思想等内容有系统全面的了解，从而在选择人生道路的过程中有了正确的政治、思想导向。高校思想政治理论课教学的开展，主要是引导大学生坚定政治立场，培养大学生树立理想信念。高校思想政治理论课对于大学生确立社会主义和共产主义的信念，树立为中国特色社会主义而奋斗的崇高理想具有重要的引导作用。高校思想政治理论课能够在政治上、思想上、行为上对大学生进行正确引导，能够引导大学生坚定正确的政治立场，树立正确的理想信念，选择正确的行为方式。

（二）高校思想政治理论课具有保障功能

高校开展思想政治教育的目的首先是要培养符合党和国家发展要求的建设者和接班人，而高校思想政治理论课是开展高校思想政治教育的主渠道。马克思在关于国家发展的学说中指出，无产阶级通过革命建立起国家政权，在此基础上对人民群众进行社会主义的文化和政治教育以加强人民群众对国家政权的认可和拥护。高校思想政治理论课主要是通过思想政治理论课教学的开展，培养大学生树立正确的思想道德观念，并在行动上坚持正确的行为导向，为实现社会主义共同理想和共产主义远大理想而奋斗。高校思想政治理论课是进行高校思想政治教育的重要途径，具有十分重要的政治保障功能。通过高校思想政治理论课教学，可以教育引导广大青年学生坚定政治立场、树立理想信念、选择正确行为，为实现中华民族伟大复兴中国梦而努力，为广大人民的根本利益而服务。高校思想政治理论课教学，为党和国家培养具有坚定政治立场和理想信念的社会主义建设者和接班人，具有政治保障功能。同时，新时代高校思想政治理论课教学也强调为大学生个人的成长成才和全面发展服务，为他们能最大限度地实现自身的社会价值和人生价值服务。通过高校思想政治理论课教学，在知识上，思想上等方面促进大学生综合素质的提升，促进个人成长成才，引导大学生实现人生价值。

（三）高校思想政治理论课具有人才培养功能

高校思想政治理论课具有人才培养功能，体现了思想政治教育的阶级性和政治性，也体现了高校人才素质提升的重要性。马克思、恩格斯指出："共产党一分钟也不停止培养工人尽可能更加明确地认识资产阶级和无产阶级间敌对情形的意识。"恩格斯曾经批判了杜林的超阶级、超历史的永恒道德论，科学地论证了道德的产生是具有经济根源和阶级基础的，他指出："一切以往的道德论归根到底都是当时的社会经济状况的产物。而社会直到现在还是在阶级对立中运动的，所以道德始终是阶级的道德。"由此可见，马克思、恩格斯都指出了思想政治教育的重要性。马克思主义特别重视对青年一代尤其大学生的思想理论教育。在马克思看来，"最先进的工人完全了解，他们阶级的未来，从而也是人类的未来，完全取决于正在成长的工人一代的教育"。恩格斯也指出，大学生群体对革命具有重要的作用，大学生"负有使命同自己从事体力劳动的工人兄弟在一个队伍里肩并肩地在即将来临的革命中发挥巨大作用"。

在我国改革开放和社会主义现代化建设的新的历史时期，学校应当把正确的政治方向放在第一位。坚持四项基本原则的社会主义教育方向，这是进行思想理论教育教学的根本前提。高校思想政治理论课的育人功能，就是要通过高校思想政治理论课，确保教育的政治方向，使大学生成为中国特色社会主义事业的合格建设者和可靠接班人。通过高校思想政治理论课教学，达到提高大学生政治觉悟和思想认识水平的最终目的。一方面，通过高校思想政治理论课教学，提高大学生的思想水平和认识能力。高校思想政治理论课教导学生的是马克思主义相关理论和思想道德方面的知识，教育引导学生掌握和运用这些知识去指导自身行动、改造外部世界。另一方面，通过高校思想政治理论课教学，提高大学生综合素质。高校思想政治理论课的教育教学，必须坚持以马克思列宁主义、中国特色社会主义理论体系为指导，坚持社会主义方向，抵制各种错误思潮，为建设中国特色社会主义培养合格的未来建设者与接班人。只有高校思想政治理论课教学真正坚持以马克思列宁主义、中国特色社会主义理论体系为指导，坚持社会主义大方向，抵制各种错误思潮，才能培养大学生坚定正确政治立场、坚定理想信念，以科学的世界观、方法论武装头脑，指导行为。

在此基础上，有了正确的指导思想，就会有正确的行为选择。通过高校思想政治理论课学习，大学生的自身专业能力等各方面综合素质也会得到提升。

三、高校思想政治理论课教学的基本特点

高校思想政治理论课具有自身的特点，这是由高校思想政治理论课教学的性质、地位和作用、功能等方面所决定的。高校思想政治理论课教学在高校思想政治教育工作中具有特殊的地位和作用。高校思想政治理论课教学与其他各门课程的教学相比，既有共同点和相似之处，更有自己独有的特点。

（一）高校思想政治理论课教学具有政治性

作为上层建筑的一个重要组成部分，高校思想政治理论课在巩固和完善社会主义制度，建设富强、民主、文明、和谐、美丽的社会主义现代化国家，培养社会主义"四有"新人等方面发挥着十分重要的作用。高校思想政治理论课主要是教育引导大学生掌握马克思主义立场、观点和方法，树立正确的世界观、人生观和价值观，坚定中国特色社会主义的共同理想和信念，培养大学生运用马克思主义基本立场、观点和方法分析问题、解决问题的能力，培养大学生成为有理想、有道德、有文化、有纪律的社会主义现代化事业的建设者和接班人。新时代高校思想政治理论课教学成效的高低，直接影响着大学生政治思想素质和道德素质的高低，关系到社会主义的前途和命运。高校思想政治理论课教学的政治性是马克思主义理论鲜明阶级性的体现和内在要求，高校思想政治理论课教学要始终体现这一特性。同时，马克思主义理论也是不断发展的理论，中国特色社会主义理论体系是马列主义基本原理同当代中国实践相结合的产物，是当代中国的马克思主义。新时代，随着马克思主义的不断充实发展，高校思想政治理论课的教学内容也需要不断更新、充实和完善。高校思想政治理论课教学要及时体现和充分反映马克思主义在理论和实践上的重大发展和突破，充分反映现实国际国内形势的发展变化，紧扣党和国家的重大方针政策和战略决策，要体现时代的特征和社会的不断进步与发展。

（二）高校思想政治理论课教学具有科学性

所高校思想政治理论课教学具有科学性的特点，这是由马克思主义理论本身的科学性特点所决定的，也是由高校思想政治理论课教学特点所决定的。一方面，高校思想政治理论课教学内容具有科学性。高校思想政治理论课是一脉相承的、系统完整的、科学的理论体系。它们是我们认识世界和改造世界的强大思想武器，揭示了自然界、思维和人类社会政治、经济、文化、社会、生态等诸领域事物发展的客观规律。高校思想政治理论课教学是系统讲授马克思主义的基本知识，传授马克思主义基本立场、观点和方法的课程，在开展教学过程中，要注重讲授马克思主义世界观、人生观、价值观。针对大学生普遍关心和生活中遇到的重大理论和实践问题，教育引导大学生成长成才。另一方面，高校思想政治理论课教学方法具有科学性。高校思想政治理论课的科学性要求高校在开展思想政治理论课教学的过程中，要注重教学方法的科学有效的选取，要注重结合教学规律运用教学艺术，将马克思主义相关理论知识有效地教授给大学生。只有把握高校思想政治理论课教学方法的科学性，才能真正实现思想政治理论课教育教学的根本目的。

（三）高校思想政治理论课教学具有实践性

高校思想政治理论课教学注重培养学生掌握马克思主义理论相关知识，注重教育引导学生学以致用，将正确的思想运用到实践中去。高校思想政治理论课不同于其他一般教育课程，其教育教学过程具有实践性。

另一方面，高校思想政治理论课的教学内容具有实践性。高校思想政治理论课内容主要体现了国际国内形势发展特点和要求，反映当代社会实践情况。高校思想政治理论课教师要深入社会实践，主动掌握当前国际国内社会发展情况特点，提升自我知识结构水平，不断丰富教学内容，结合现实情况从理论和实践结合的角度进行教学。此外，高校思想政治理论课教学具有教学方法的实践性。高校思想政治理论课教学要同实践性环节相结合，引导学生在理论学习的基础上提高科学文化素质与思想道德素质，并深入实践，践行正确思想道德观念。高校思想政治理论课教学要注重把大学生的社会实践活动纳入教学中来，有组织有计划地开展丰富多彩的社会实践活动，让大学生到改革开放的实践中去参观、考察，从事社会调查、志愿者服务等活动，在实践中学会理论联系实际，学以致用。

高校思想政治理论课教学改革只有在正确认识和把握了高校思想政治理论课教育教学特点的基础上才能更好地开展。

第二节　高校思想政治理论课教学改革创新的基本原则

原则是指人们说话或行事所依据的法则或标准。高校思想政治理论课教学改革创新原则指的是高校思想政治理论课教学改革创新过程中，依据高校思想政治理论课教学改革创新目标，从思想政治理论课教学改革创新的客观要求与规律性认识中归纳形成的对思想政治理论课教学改革创新具有指导意义的基本准则。高校思想政治理论课教学改革创新必须以基本原则为导向，坚持正确的基本原则保证教学改革的科学性。

一、坚持党的领导

高校思想政治理论课承担着对大学生进行系统的马克思主义理论教育和开展党的基本政策等方面教育的任务，目的在于培养中国特色社会主义事业的合格建设者和可靠接班人。在高校思想政治理论课教学改革创新过程中要坚持党的领导。高校思想政治理论课教学以马克思主义和马克思主义中国化最新理论成果为指导，在全球化、信息化的新时代面临着各种冲击和挑战，特别是思想领域中的挑战。高校思想政治理论课教学改革创新必须坚持党的领导，站稳政治立场，明确政治方向，这是高校进行思想政治理论课教学改革创新必须坚持的首要原则。在我国，党是领导一切的。同时，党的百年历史成就也告诉我们，只有坚持中国共产党的领导，才能发展好社会主义各项事业。党的领导是新时代高校思想政治理论课教学改革创新的重要保证，为高校思想政治理论课教学改革指明了方向。高校思想政治理论课教学改革创新，必须在党的领导下积极拓展教学改革的格局，在党的领导下开展各项工作。

二、把握思想政治教育相关规律

高校思想政治理论课是高校思想政治工作的中心环节，是高校思想政治工作的主渠道，承担着培养社会主义事业合格建设者和接班人的重任，是针对大学生专门进行的主流意识形态的思想理论教育活动，高校思想政治理论课教学改革创新必须坚持思想政治教育工作规律、教书育人规律和学生成长规律等方面思想理论教育相关规律，不断提高教学改革创新的质量与水平。

（一）把握高校思想政治工作规律

高校思想政治理论课是高校思想政治工作的主渠道，是体现社会主义大学本质特征的课程，关系着"培养人"这一根本问题。高校思想政治理论课教学改革创新必须按照高校思想政治工作的一般规律来开展，切实地承担起培养担当民族复兴大任的时代新人，培养德智体美劳全面发展的社会主义事业建设者和接班人的重任。习近平总书记在全国高校思想政治工作会议上强调，做好高校思想政治教育工作，必须从以下几个方面着手。

第一，我国高等教育肩负着培养德智体美劳全面发展的社会主义事业建设者和接班人的重大任务，必须坚持正确政治方向。第二，办好我们的高校，必须坚持以马克思主义为指导，全面贯彻党的教育方针。要坚持不懈传播马克思主义科学理论，抓好马克思主义理论教育，为学生一生成长奠定科学的思想基础。要坚持不懈培育和弘扬社会主义核心价值观，引导广大师生做社会主义核心价值观的坚定信仰者、积极传播者、模范践行者。要坚持不懈促进高校和谐稳定，培育理性平和的健康心态，加强人文关怀和心理疏导，把高校建设成为安定团结的模范之地。要坚持不懈培育优良校风和学风，使高校发展做到治理有方、管理到位、风清气正。第三，思想政治工作从根本上说是做人的工作，必须围绕学生、关照学生、服务学生，不断提高学生思想水平、政治觉悟、道德品质、文化素养，让学生成为德才兼备、全面发展的人才。第四，做好高校思想政治工作，要因事而化、因时而进、因势而新。要遵循思想政治工作规律，遵循教书育人规律，遵循学生成长规律，不断提高工作能力水平。第五，高校教师要坚持教育者先受教育，努力成为先进思想文化的传播者、党执政的坚定支持者，更好地担起学生健康成长指导者和引路人的责任。要加强师德师风建设，坚持教书和育人相统一，坚持言传和身教相统一，坚持潜心问道和关注社会相统一，坚持学术自由和学术规范相统一，引导广大教师以德立身、以德立学、以德施教。第六，办好我国高等教育，必须坚持党的领导，牢牢掌握党对高校工作的领导权，使高校成为坚持党的领导的坚强阵地。党委要保证高校正确办学方向，掌握高校思想政治工作主导权，保证高校始终成为培养社会主义事业建设者和接班人的坚强阵地。各级党委要把高校思想政治工作摆在重要位置，加强领导和指导，形成党委统一领导、各部门各方面齐抓共管的工作格局。

可见，高校思想政治理论课教学改革创新过程中，要把握好高校思想政治工作规律，要坚持社会主义办学方向，坚持党的领导，以马克思主义为指导，全面贯彻党的教育方针；要结合学生实际做到围绕学生、关照学生、服务学生，切实提高学生思想政治素质。《关于新时代加强和改进思想政治工作的意见》也指出，要"坚持遵循思想政治工作规律，把显性教育与隐性教育、解决思想问题与解决实际问题、广泛覆盖与分类指导结合起来，因地、因人、因事、因时制宜开展工作。坚持守正创新，推进理念创新、手段创新、基层工作创新，使新时代思想政治工作始终保持生机活力"。高校思想政治工作要主动适应新时代大学生的实际需求，包括求知需求、被尊重的需求、人生价值实现的需求等方面，教育思想要经得起实践检验，教育内容和教育方式要符合学生成长规律，适应学生的需求；要适应时代发展，因事而化、因时而进、因势而新，推动自身的改革创新；要重视工作队伍建设，夯实师资队伍。

（二）把握教书育人规律

坚持教书育人相统一是高校思想政治理论课教学改革创新必须遵循的基本原则之一。高校思想政治理论课教学不同于其他学科教育，对大学生开展理论知识教育的过程也是对大学生进行思想政治教育的过程，思想政治理论课教师要遵循教书育人规律，不断充实与提高自己，夯实个人基本功，提高思政教育效能。高校思想政治理论课教学改革创新要注重把握教书育人规律。高校思想政治理论课教学的过程就是教书育人的过程，实现课程教书育人的有机统一，关键在于发挥思想政治理论课教师的积极作用，只有思想政治理论课教师作用的有效发挥，才能将教书育人落到实处。要将教书育人转化为思想政治理论课教师的工作内容与方法，转换为思想政治理论课教师的职业责任与担当。一方面，思想政治理论课教师要不断丰富自身学识、拓宽个人视野，传授马克思主义相关知识；另一方面，思想政治理论课教师要加强立德树人。思想政治理论课教师要弘师德提正气，用自身行动感化学生，成为学生成长路上的引路人。思想政治理论课教师不仅要传授知识，还要做大学生的人生导师，要尽到教书育人、立德树人的职责，坚持教书和育人相统一、言传和身教相统一，做好青年成长的引路人。同时，高校思想政治理论课教师要强化科学教育的基本功。教育教学要有科学方法、有效方式、合适渠道，教师要注重结合时代发展形势和大学生特点需求，采取灵活有效的教学方式方法来开展教学，才能提高思想政治理论课教学成效。

（三）把握学生成长规律

高校思想政治理论课的授课对象是大学生，在开展思想政治理论课教学改革创新的过程中要注重遵循大学生成长规律，坚持"以生为本"。传统的高校思想政治课教学强调"教"是知识传播的主要过程，将大学生的学习过程视为被动的接受过程，更多的是以教师为中心，以课堂为中心，以课本为中心，片面强调了教师的作用而忽视了大学生的个体价值、主动性等，导致大学生的积极性、主动性发挥不足。《中共中央、国务院关于进一步加强和改进高校思想政治教育的意见》指出，思想政治教育要坚持以人为本。习近平总书记在全国高校思想政治工作会议上也强调："思想政治工作从根本上说是做人的工作，必须围绕大学生、关照大学生、服务大学生。"高校思想政治理论课教学改革创新要坚持"以生为本"，即以大学生为本，以大学生为教学中心，发挥大学生的自我教育、自我管理、自我服务的主动性和积极性，以大学生的全面发展为目标，不断提升大学生的思想素质。在思想政治理论课教学过程中，大学生是学习的主人，一切教学活动都必须以大学生为中心，尊重大学生的态度、习惯、情感、需要等方面的差异，教师要注重立足大学生实际特点，调动大学生主体性的发挥，培养大学生主动探索、积极思考的能力。同时，教师要关心大学生，尊重大学生，根据大学生的实际情况，采取了易于接受的教学手段和方法，不断提高教学的针对性，提高教学的效果和质量。

高校思想政治理论课教学改革创新必须遵循坚持"以生为本"，把握大学生成长发展的规律特点。第一，要把握新时代大学生的身心特点。当代大学生具有自身的思想特点与发展需求，不同的学生群体也体现不同的特点。高校思想政治理论课教学改革创新要遵循大学生身心发展的基本规律，结合不同的大学生群体、有针对性地构建有效的教学改革模式，通过教学改革创新来引导大学生立德成人、立志成才，教育引导大学生做社会主义合格建设者和可靠接班人。第二，要把握大学生成长同国家发展之间的紧密关系。当代大学生是社会主义未来的建设者和接班人，高校思想政治理论课教学改革要以培养大学生的时代新人为目标。高校思想政治理论课改革创新要注意引导大学生将时代责任和历史使命统一起来，激励大学生自觉把个人的理想追求融入国家和民族的伟大事业中去。

高校思想政治理论课改革创新的过程，也是不断提升高校思想政治理论课教学成效、发挥思想政治理论课育人功能的过程。高校思想政治理论课教学改革创新是高校思想政治理论课教师教书育人的体现，教学改革过程中要注重将教书育人原则转化为思想政治理论课教师的工作内容与方法，明确思想政治理论课教师的职业责任与担当。高校思想政治理论课教师一方面要注重对马克思主义相关理论知识的传授，要传授马克思主义的真理之道、理想之道、信仰之道，并用自身人格修养和品德行为去潜移默化影响大学生；另一方面要明确培养时代新人的责任，做到以身作则、教书育人。

三、遵循"八个相统一"要求

习近平总书记在学校思想政治理论课教师座谈会上指出，推进思想政治理论课改革创新，必须坚持政治性和学理性相统一、价值性和知识性相统一、建设性和批判性相统一、理论性和实践性相统一、统一性和多样性相统一、主导性和主体性相统一、灌输性和启发性相统一、显性教育和隐性教育相统一。"八个相统一"是对高校思想政治理论课历史发展所形成的一系列规律性认识和成功经验的理性升华与一般概括，是新时代高校思想政治理论课内涵式发展的重要原则。高校思想政治理论课是一门集政治教育、思想教育与品德教育于一体的课程，具有极强的实用性。新时代提升高校思想政治理论课改革创新的实效性，必须坚持习近平总书记在学校思想政治理论课教师座谈会中所提到的"八个相统一"基本原则。

（一）坚持政治性和学理性相统一

高校思想政治理论课教学改革创新必须坚持政治性与学理性相统一的原则，这是首要坚持的基本原则。坚持政治性和学理性相统一是由社会主义的办学方向和思想政治理论课的课程性质所决定的，体现为通过政治表达学理，通过学理展现政治。高校思想政治理论课教学改革创新，必须将政治话语转换为学术话语，将政治学理化，将理论政治化。高校思想政治理论课是党和国家开展思想政治工作的重要阵地，主要是对马克思主义及其指导下的社会主义意识形态进行宣传与教育的课程，其教学成效的优劣事关社会主义未来建设者和接班人的培养，事关党和国家的根本利益，必须坚持"政治性与学理性相统一"的基本原则。只有将政治性和学理性统一起来，高校思想政治理论课教学成效才能得到切实提升。

1.坚持政治性和学理性相统一的内涵要求

第一，坚持"政治性"即坚持马克思主义的指导地位，坚持社会主义的办学方向、坚持正确的政治方向与站稳政治立场。政治性主要表现在教学改革创新过程中的政治导向、政治任务、教学队伍的政治担当等方面。讲政治是高校思想政治理论课的首要要求。高校思想政治理论课开展的目的，在于提升大学生的政治理论，引导大学生坚定政治立场，强化大学生的政治担当意识。高校思想政治理论课的任务是培养社会主义未来建设者和接班人，关键任务在于"立德树人"，要解决的是"培养什么人，怎样培养人、为谁培养人"的根本问题。高校思想政治理论课与其他课程最显著的区别就是思想政治理论课是为社会主义意识形态服务的，必须把政治性放在首位，落实好国家意识形态对该课程的整体导向要求。高校思想政治理论课教学改革创新要坚持马克思主义对意识形态领域的指导地位，确保教学改革始终保持正确的政治方向，将该课程的政治性与大学生成长的需求深度融合，实现育人目标与意识形态目标的有机统一。

第二，坚持"学理性"即把握高校思想政治理论课的科学性。思想政治理论课的学理性主要表现在马克思主义的学理性、哲学社会科学各学科的学理性与理论运用的学理性等方面。高校思想政治理论课教学改革创新坚持政治性与学理性相统一，即坚持以政治性为主导，用正确的政治方向指导思想政治理论课的改革创新；以科学的理论知识为基础，用学术语言讲政治，引导大学生坚定政治方向与立场。学理性是高校思想政治理论课的内在属性，高校思想政治理论课所形成的知识体系和真理体系具有深刻的学理性，这也是思想政治理论课的特点所在。高校思想政治理论课教师应当学懂弄通马克思主义，夯实理论功底并将马克思主义给学生讲透彻，提升学生对于思想政治理论课的"获得感"。高校思想政治理论课教学改革创新要坚持政治性和学理性相统一，忽视学理片面讲政治或是离开政治单纯讲学理均不可取。高校在思想政治理论课教学改革创新过程中，要把握好政治性与学理性的关系。在开展高校思想政治理论课教学过程中，缺乏学理性的思想政治理论课是乏味的，缺乏政治性的思想政治理论课是不合要求的。因此，要以正确的政治方向为基础，让思想政治理论课在教学过程中富有学理性。

2. 坚持政治性和学理性相统一的具体做法

高校思想政治理论课教学改革创新要处理好坚持政治性与坚持学理性之间的关系，要做到价值导向和理论教育相统一。高校思想政治理论课教学要将政治教育融入学理阐释中，利用学理阐释解决政治问题。坚持政治性和学理性相统一，需要发挥教师、学生、学校和社会多方面因素的作用。高校思想政治理论课教师要具备政治素质与理论素养，教师首先要对马克思主义理论真学、真懂、真信、真用。同时，开展思想政治理论课教学要注重以政治引领学理研究，以学术的方式讲政治，就要始终确保正确的政治方向，一方面要以政治为引领，深化对理论的理解；另一方面要注重从学理上开展研究，将研究成果变成教学内容，提升教师教育教学的胜任力，提升理论的穿透力。就大学生而言，要用真理的态度来对待政治，将政治理论转化为坚定的政治信念，坚定政治立场，树立理想信念，积极学习并善于运用马克思主义的立场、观点和方法去处理问题。高校要形成敬畏政治、尊重学理的校园氛围，将政治性放在首位，将学理性作为重要标准。各级党委要将习近平总书记关于思想政治工作的重要讲话精神落实到位，要深入了解高校思想政治理论课教学效果，及时发现并解决问题，营造良好的教学改革创新环境，为高校思想政治理论课教学改革创新提供基础保障。实现政治性和学理性的辩证统一最根本的就是要用好思想政治理论课课堂教学这个主渠道，深刻领悟政治性，正确认识学理性，在教学过程中实现政治性和学理性相统一。

（二）坚持价值性和知识性相统一

知识教育属于认识论的范畴，价值引导属于价值论的范畴。高校思想政治理论课以马克思主义理论与思想品德教育为主要内容，是一个对大学生进行马克思主义理论与思想品德知识教育的过程。高校思想政治理论课教学改革创新要坚持价值性和知识性相统一，寓价值观引导于知识传授之中。这就要求高校思想政治理论课教学改革创新过程中，注重做到思想政治理论课教学以知识传授为载体，引导大学生树立正确的马克思主义世界观与方法论，以正确的世界观、人生观与价值观来指导实践；以价值引导引领知识传授，寓主导意识形态于具体的知识教学过程中，确保思想政治理论课教学的价值引领性。坚持价值性和知识性相统一体现了思想政治理论课的实践要求以及自身特点。新时代高校思想政治理论课教学改革创新，目的在于提升高校思想政治理论课教学成效，提升大学生思想政治理论课获得感，要坚持价值性和知识性的统一，寓正确价值观的引导于知识传授之中，在传授知识的过程中加强大学生的价值观教育。

1.坚持价值性和知识性相统一的内涵要求

第一，坚持"价值性"指的是坚持思想政治理论课的价值引领性。价值性体现了高校思想政治理论课的重要作用。高校思想政治理论课所坚持的价值性指在对大学生进行马克思主义相关理论知识的传授过程中，不断增强对大学生的价值引领作用，这是思想政治理论课的根本要求。高校在开展思想政治理论课教学改革创新的过程中，要注重在提升思想政治理论课获得感的同时坚持价值性，坚定不移地坚持正确的价值导向和政治方向，以价值引导为初心，对大学生进行正确的价值导向，引导大学生树立坚定的理想信念，充分发挥思想政治理论课作为意识形态教育主阵地的作用。

第二，坚持"知识性"指的是教育引导大学生掌握马克思主义相关理论知识。知识性回答了思想政治理论课"是什么"的基本问题。高校思想政治理论课是一门以马克思主义理论为主要内容的课程。知识性是高校思想政治理论课的基本属性，具有价值事实与知识体系支撑。只有将马克思主义理论融入课堂，利用彻底的理论来说服大学生，利用普遍真理解决实际问题，启迪大学生自发形成正确的价值观和崇高的社会理想，才能使得大学生对马克思主义相关理论真懂、真信，并将其落实到实际行动中去。

2.坚持价值性和知识性相统一的具体做法

高校思想政治理论课教学改革过程要将知识性教育和价值性教育两者统一起来，单纯重视知识性或价值性都有失偏颇。重价值性轻知识性，思想政治理论课将缺乏学理性，空洞而缺乏说服力，只有注重价值性，才能体现思想政治理论课的价值引领作用。但也不能重知识性轻价值性，只有通过彻底的理论诠释，高校思想政治理论课才具有说服力和感召力。坚持价值性和知识性相统一，是由思想政治理论课的知识属性和价值属性二者之间内在逻辑所决定的。因此，新时代大学生思想政治理论课获得感的提升，要将价值性与知识性统一起来，将对马克思主义理论的知识传授寓于其价值性引领之中，也将价值性引领寓于其知识性传授之中，进行知识和信仰的转化，具体包括以下三个方面。

第一，要通过知识传播形成价值信仰。也就是说，高校要通过思想政治理论课教学内容的传播来体现其价值性。高校思想政治理论课教师要把握教材精神，提升理论素养，传播马克思主义相关理论知识。高校思想政治理论课教师要注重在对大学生知识传授的过程中进行价值导向，注重提升思想政治理论课的感染力和说服力。教师要在传授知识的过程中融入思想引导和价值观塑造，让大学生感受到马克思主义相关理论的感染力，要引导大学生深化政治认知，厚植理想信念，坚定信心信仰，通过思想政治理论课教育教学来提升大学生认知的获得感和思想的获得感。要用广博的理论、彻底的思想来吸引和说服大学生，以知识成果滋养价值观念，增强思想政治理论课的吸引力。教师要通过思想政治理论课教学，讲清楚马克思主义理论并对大学生进行引导，让大学生在获得思想启迪的过程中坚定马克思主义信仰，从而达到坚持价值性和知识性相统一。未来中国特色社会主义事业建设需要的人才是全面发展的人才，不仅仅需要知识丰富的人才，更重要的是他们的综合素质能得到全面发展，其中，德育在大学生德、智、体、美、劳等全面发展诸多方面中居于主导地位，关系到整个教育的根本发展。习近平总书记强调："要坚持把立德树人作为中心环节，把思想政治工作贯穿教育教学全过程，实现全程育人、全方位育人，努力开创我国高等教育事业发展新局面。"高校思政课不仅仅是让大学生获得知识和技能，更重要的是要培养大学生树立正确的价值观念，促进大学生保持健康的心理，培养大学生健全的人格，强化大学生的道德规范，培养大学生养成良好的生活习惯和保持良好的精神状态，促进大学生的全面发展。而这需要不断改变过去传统的教学模式，积极加强高校思政课教学模式改革，坚持立德树人、以德为先的教育导向，提高思想政治理论课教学的针对性和实效性。

第二，要注重把握大学生思想特点。大学生的情感和意志是其认知和信仰形成的重要影响因素。高校思想政治理论课教学改革创新要依据时代发展要求和大学生实际情况及时进行方法与内容的更新，以科学、全面、与时俱进的知识体系支撑价值引领。高校思想政治理论课教师要时刻关注大学生道德、情感和意志的最新动态，结合大学生的实际情况因势利导，及时给予理论指导和疑惑解答。高校思想政治理论课教学改革创新要符合大学生成长发展规律，思想政治理论课教学过程要深刻把握大学生身心成长规律，结合不同学生群体特点因材施教，有针对性地进行教学改革创新。

第三，要重视引导大学生学以致用，将所学所思落到实处。高校思想政治理论课教学改革创新要注重将对学生的知识培养、价值培养转化到学生的行为落实中去，要注重抓好实践这一关键环节，实现大学生的知识体系向信仰体系的转化，从而实现信仰到行为的落实。高校思想政治理论课教学改革创新要以实践的观点为指导，结合时代发展要求来开展。高校思想政治理论课教学改革创新过程中，要以实践为导向，锻炼学生的实践能力，增强学生的实干精神，教育引导学生做到学以致用、知行合一。

（三）坚持建设性和批判性相统一

高校思想政治理论课的守正创新面临着诸多挑战，高校思想政治理论课教学改革创新必须坚持建设性和批判性相统一，坚持以辩证唯物主义和历史唯物主义的理论为指导。建设性与批判性是不可分割的两个方面，两者相辅相成，互为一体，共同服务于思想政治理论课的创新发展。建设性和批判性都是为了提升大学生思想政治理论课获得感，都致力于高校思想政治理论课改革创新目标的达成。

1.坚持建设性和批判性相统一的内涵要求

第一，坚持"建设性"即坚持完善和发展高校思想政治理论课教学，不断加强高校思想政治理论课各方面建设。建设性是对思想政治理论课的发展与完善，具有推动性作用，会在教学实践中转化为推动思想政治理论课不断改进的积极力量，是推进高校思想政治理论课教学改革创新不可缺少的部分。坚持思想政治理论课的建设性，就是要在教学过程中不断完善思想政治理论课发展的内生要素，包括教师队伍建设、教材体系建设、学科建设等诸多方面，要推动思想政治理论课教学方式方法的改革，不断提升其吸引力和感染力，要加强社会主义意识形态教育，弘扬主旋律，传播正能量，帮助大学生树立正确的价值导向，自觉做马克思主义的坚定信仰者、模范践行者和积极传播者。

第二，坚持"批判性"即坚持以马克思主义原则来看待问题。高校思想政治理论课教学改革创新过程中要坚持批判性，要在教学实践过程中剔除错误的思想和抵制不良的思潮，不断推动思想政治理论课的发展与完善。之所以要求高校思想政治理论课教学改革创新必须坚持批判性，是由新时代马克思主义意识形态教育所面临的严峻形势所决定的。当今时代，国际国内环境都有了新特点，这对于当前高校开展思想政治理论课教育都产生了挑战。国际社会方面，西方敌对势力到处宣扬西方的价值观，大肆进行文化渗透，企图通过西方价值理念的渗透来动摇甚至取代我国意识形态中的马克思主义的指导地位；国内形势方面，改革开放的实行也带来了各种社会思潮，这些多元思潮对人们思想也造成了不同程度的冲击。特别是当前我国的改革开放进入深水区、攻坚区，主流与非主流思潮同时存在。高校思想政治理论课教学改革创新要遵循马克思主义指导下的批判性原则，要坚持批判性，引导大学生批判国外的错误思潮，要坚定立场，学会理性思考，避免被错误思潮所迷惑。

当今时代是全球化、信息化的时代，各种社会思潮交织并存，互联网的发展更让别有用心的不法分子趁机作祟，通过网络来宣扬各种错误思想，企图以此来影响大学生正确价值观的树立。因此，高校思想政治理论课教学改革创新要坚持批判性。教师在进行思想政治理论课教学过程中，要时刻发扬斗争精神，提高意识形态敏锐性与鉴别力，要认清社会主义意识形态的对立面，辨别各种错误观点，抵制各种错误思潮，结合教学内容作出科学的、正确的、有力的批判。高校思想政治理论课教学改革创新成效的提升，需要将建设性和批判性深入结合，不能将两者割裂开来。单强调建设性或单强调批判性都是不可取的，因为单强调建设性会使得大学生忽视非主流意识形态、错误思想等思潮，无法深刻体会所处时代的复杂性和多样化；单强调批判性会淡化大学生的社会主义意识形态，不利于社会主义主流意识形态的建设与发展。因此，高校思想政治理论课教学改革创新要坚持建设性和批判性的统一。

2. 坚持建设性和批判性相统一的具体做法

高校思想政治理论课教学改革创新的过程中，要注重采取将建设性和批判性有机结合起来，将二者在思想政治理论课获得感的实践之中统一起来。只有将建设性和批判性统一起来，高校思想政治理论课教学改革创新才能取得成效。一方面，建设发展好思想政治理论课，发挥好主渠道的作用。通过思想政治理论课的不断完善与发展，进一步传导正能量；另一方面，用批判的态度面对错误思潮，敢于进行甄别与批判，维护社会主流意识形态地位。

高校思想政治理论课教学改革创新要坚持建设性和批判性的统一，将两者有机结合起来，具体包括以下方面：第一，要坚持主流意识形态，加强思想政治理论课建设。要明确责任意识与阵地意识，这是开展思想政治理论课教学的思想前提。要巩固主流思想，传播正能量，引导大学生坚定政治立场，明辨政治意识形态的本质，树立正确理想信念。与此同时，要警惕西方以及社会上存在的错误思潮、不正确观点对大学生思想观念的不良影响，对错误的思想观点进行批判，引导大学生认清错误思潮的本质，树立正确的思想观念。要对大学生进行积极引导，引领大学生明辨多元化的意识形态，认同并践行主流意识形态，避免错误思潮的渗透，将对祖国的认同体现于行为实践中。第二，要坚持问题意识。高校思想政治理论课教学改革创新要有强烈的问题意识，坚持问题导向，重视教学实践过程中出现的问题，发现并解决问题，并在解决问题的过程中得以深化。要特别关注错误思潮的危害与实质，也要特别关注具有前沿性、时代性的真问题，并予以正确的分析和科学的解答，在破解问题的实践中实现理论的创新与发展。

（四）坚持理论性和实践性相统一

高校思想政治理论课教学改革创新要求坚持理论性和实践性相统一。高校思想政治理论课既富含学理性与知识性，又必须通过实践检验与反馈，是需要实践来支撑的课程。只有将课堂教学与社会实践相结合，才能将知识理论运用出去，才能不断发展创新高校思想政治理论课教学成效，达到思想政治理论课教学的最终目标。在高校思想政治理论课教学改革创新过程中，教师要注重通过实践不断加强自身知识理论水平的提升，学生要注重通过教学实践活动的积极参与来丰富提升自身的理论知识水平，并积极将所学理论知识运用于具体的实践中，将爱国情与报国志融入中国特色社会主义建设事业中。高校思想政治理论课教学改革创新，要始终坚持理论性和实践性的有机统一，通过科学的理论知识来指导具体实践，同时通过具体实践丰富理论知识，以理论领实践，以实践证理论。

1.坚持理论性和实践性相统一的内涵要求

第一，坚持理论性即坚持思想政治课知识理论的科学性理论性。理论性是思想政治理论课的基本属性，指向的是思想政治理论课的逻辑性和阐释性。高校思想政治理论课教学改革创新要以马克思主义理论为理论根基，帮助学生掌握马克思主义相关科学理论知识。通过思想政治理论课教学，以包含知识性和思想性的教学内容教育学生。高校思想政治理论课教学内容是对历史经验的抽象理解和高度概括，是具有系统性和科学性的知识体系，具有很强的理论性。高校思想政治理论课教学改革创新，就是要提高大学生掌握马克思主义等理论知识，不断提升大学生的理论水平。高校思想政治理论课教学改革创新强调理论性，有利于提升大学生的知识获得感，有利于大学生将课堂上的客观真理内化为主体意识，促进大学生形成正确的世界观，掌握正确的方法论。

第二，坚持实践性即重视思想政治理论课的实践性，注重将思政小课堂和社会大课堂结合起来，将课堂学习与课外实践结合起来。实践观点是马克思主义理论的基本观点，理论只有作用于实践才能更好地发挥作用，理论的形成来源于实践，最终目的也是作用于实践，理论的最终目的就是指导人的行动。坚持实践性，是高校思想政治理论课教学改革创新必须考虑的重要方面。高校思想政治理论课教学改革创新要注重大学生的思想观念和行为发展，要强调大学生对于所学理论知识"内化于心，外化于行"，要通过实践来学习和践行所学知识。通过社会大课堂的各种实践，不断提升自我的知识理论水平，同时在实践中践行所学的理论知识，用正确的思想来指导自我的行为，将正确的理念践行到实际的行动中去。高校思想政治理论课的理论教学只有与实践相结合起来，运用到实践中去，思想政治理论课的作用才能得到发挥，思想政治理论课的价值才能得到体现。而且，通过实践，高校思想政治理论课教学内容才会不断地向前丰富发展。

思想政治理论课就是要培养正确的，告诉未知的、厘清混乱的和抵御错误的。新时代高校思想政治理论课教学改革创新要通过理论知识的传授，帮助大学生掌握马克思主义的基本理论、基本方法，引导大学生学习理论知识，明确思想政治理论课对其自身成长进步的价值，增强获得感。要结合新时代的背景和形势发展，不断推进理论创新，实现理论逻辑向实践逻辑的转化，让大学生认同掌握马克思主义理论，并在实践过程中践行马克思主义理论。

2. 坚持理论性和实践性相统一的具体做法

高校思想政治理论课教学改革创新过程中，在重视提升大学生理论认知的同时也要重视大学生行为的锻炼和转化，通过理论见诸实践活动的开展促使大学生提升获得感。第一，重视思想政治理论课理论性的传播。高校思想政治理论课具有理论性，高校思想政治理论课教学改革创新要重视大学生对思想政治理论课理论性的掌握，培养大学生具备科学的理论知识。第二，重视思想政治理论课实践性的特点。在开展理论知识传授的过程中，要注重通过丰富教学内容、创新教学方法等途径，通过课堂教学、课外实践等方式，让大学生更好地掌握马克思主义科学理论，丰富自我知识储备。

新时代思想政治理论课要注重大学生的感官体验，帮助大学生在实践教育的过程中丰富理论知识，将所学到的知识运用到解决现实存在的困惑和疑难问题中去。通过课堂教学与课外实践的结合，使得大学生通过自身实践、切实体验而获得理论知识，运用理论知识，帮助大学生掌握认识世界和改造世界的方法，并让大学生将所掌握的理论方法在实践中得以运用，提升大学生获得感。高校思想政治理论课教学改革创新要注重坚持理论联系实际，这是提高高校思政课教学实效性的关键。高校思想政治理论课教学不仅仅是为了向大学生传授知识和先进的思想，更重要的是要提高大学生运用理论知识的能力，培养他们的问题意识，提高他们正确处理问题和认识社会的能力。

高校思想政治理论课教学要注重理论联系实际。高校思想政治理论课教学开展的过程中，教学理论传授上首先要联系实际，包括联系历史和当前的社会实际，要用丰富生动的中国特色社会主义实践事实来解答大学生在学习、生活中遇到的困惑与难题，加深大学生对基本理论的理解，对大学生进行正确的引导，使大学生正确认识当前中国特色社会主义事业建设的客观规律。另外，要积极开展社会实践教学，积极引导大学生深入社会实际，促使大学生正确认识当前的政治、经济形势，正确认识和对待社会中出现的各种情况。

（五）坚持统一性和多样性相统一

高校思想政治理论课教学改革创新要坚持统一性和多样性相统一。高校思想政治理论课的教学目标具有统一性，要求课程设置、教材编写使用、教学管理具有统一性，都是出于党和国家的社会大宏观环境当中。但每个学校具有不同的实际情况，包括社会资源、教学环境、教学对象等各个方面，因此必须进行多样化教学。坚持统一性与多样性相统一，即坚持大的宏观教学环境的良好统一态势，结合各学校的多样特点具体开展，从而来提升大学生获得感。统一性和多样性是辩证统一的，坚持统一性是坚持多样性的前提，多样性是统一性的表现形式，要服从和服务于统一性；统一性寓于多样性中，坚持二者的辩证统一有利于切实提升大学生获得感。

1.坚持统一性和多样性相统一的内涵要求

第一，坚持"统一性"即坚持在党和国家的正确领导下，落实教学目标、课程设置、教材使用、教学管理等方面的统一要求。只有首先坚持统一性，才能保证思想政治理论课教学改革创新的有序进行。统一性包括思想政治理论课教学目标的统一、课程设置的统一、教材使用的统一，教学管理的统一多个方面。其中以教学目标的统一为前提，其他方面服务于这个前提，其他方面的统一首先要坚持教学目标的统一。同时，要保证教学目标的统一的落实，课程设置的统一性是标准，教材使用的统一性是必要条件，教学管理的统一性是重要保证。在统一的教学目标的指导下，课程设置要适应时代发展与理论武装的需要，要进一步明确课程名称、学时与学分安排、基本内容等，课程设置要不断科学完善，为促进改善教学效果、规范教学秩序、提升获得感而进行设置；教材编写要具有统一性，要按照党中央和国家的要求，结合马克思主义相关理论的知识体系，统一编写科学性理论性的学习教材；教学管理的统一性要求强化管理教学过程的各个环节，实行集体备课，建设规范的教研室，健全考核与评价机制，全方位、多层次地检查教学全过程等方面。

第二，坚持"多样性"即结合具体情况坚持因地制宜、因时制宜、因材施教。多样性表现为在思想政治理论课教学过程中注重差异，结合各高校实际情况，从实际出发，因地因时采取不同的策略，因材施教。新时代是多元的时代，坚持多样性有利于大学生个性化需求的满足，有利于更好地促进大学生的成长成才。坚持多样性，就要坚持"以生为本"，以大学生的实际情况为立足点，了解大学生不同个体之间的差异性，实现教育教学探索的多样化，充分尊重大学生不同特性，不同层次、不同专业、不同地区的多样性。高校思想政治理论课教学改革创新要注重根据不同地区的多样性、不同学校的差异性进行教学改革；要把握不同大学生特性的多样性，在教学改革过程中要重视大学生的差异性，了解大学生的不同个性需求，并在此基础上满足大学生的发展需要。

高校思想政治理论课教学改革创新要根据大学生层次和专业的多样性，因材施教，对不同专业，不同层次的大学生要有针对性地开展教学改革。一方面，坚持多样性要注重教学方法的多样性。要在坚持顶层设计统一的基础上推动教学方式方法的多样性，采取灵活有效的、学生乐于接受的教学方式方法。在教学过程中，要注重探索新的教学模式，采取问题导入、情景再现、实践考察等教学方法，同时运用媒体网络资源，采取学生喜闻乐见的教学方式，进而增强学生的获得感。另一方面，坚持多样性要促进教学设施与教学环境的多样化。营造积极向上的校园文化环境，创设好多样的教学设施，利用好具有教育功能的展览馆、博物馆、文化馆，充分利用校内外的教学资源，营造多样化的良好教学环境。同时，坚持多样性也要求教学管理手段多样化，创新管理模式，运用多种管理手段，推动考核方式多样化。

2. 坚持统一性和多样性相统一的具体做法

高校思想政治理论课教学改革创新要坚持统一性和多样性的统一，处理好统一性和多样性的关系，在统一性统领多样性、多样性中坚持统一性的过程中提升大学生获得感。第一，坚持统一性统领多样性。统一性是多样性的前提，高校要将统一性要求严格落实，统一性要统领多样性。要按照党中央的统一部署，在教学目标、课程设置、教材使用、教学管理等方面落实统一。比如，师资队伍建设方面，要严格按照政治要强、情怀要深、思维要新、视野要广、自律要严、人格要正的要求遴选教师队伍，提升教师的综合素质。教学安排方面，要按照上级要求严格落实学时学分，确保教学任务的落实，等等。第二，在坚持统一性的过程中尊重多样性。统一性的坚持需要通过多样性的发挥。要结合具体地点、具体时间、具体对象来因地制宜、因时制宜、因材施教。高校思想政治理论课教学改革创新要结合时代发展要求和大学生特点，结合具体的教育教学环境情况，有针对性地构建科学可行的思想政治理论课教学模式，在统一性为统领的前提下坚持多样性。总而言之，高校思想政治理论课教学改革创新要坚持统一性和多样性相统一，只有将统一性和多样性高度统一起来，才能够提升大学生获得感，思想政治理论课教学成效才能得以提升。

（六）坚持主导性和主体性相统一

高校思想政治理论课教学改革创新要坚持主导性和主体性相统一，这主要是针对教师和学生的关系而言。高校思想政治理论课教学开展的过程中，教师和学生作为教育者和受教育者，是思想政治理论课教学活动中的两大核心因素，处理好两者的关系事关高校思想政治理论课教学改革创新成效。在教学活动中，教师起着主导作用，没有教师的参与，就会失去方向。大学生是教学活动的能动主体，不激发和利用大学生的积极性和主动性，教学活动难以收到良好的效果。有获得感的思想政治理论课，离不开教师的主导作用与大学生的主体作用的共同发挥。

1.坚持主导性和主体性相统一的内涵要求

第一，坚持主导性即坚持教师的主导性，发挥教师主导性作用。高校思想政治理论课教师的主导性直接表现在传授知识、思想道德教育、能力培养和信念培育等方面。在思想政治理论课教学过程中，教师要积极发挥主导性作用，发挥"师者"的引领作用，主导教学活动。思想政治理论课教师的专业自主性与主观能动性的发挥直接影响着思想政治理论课获得感的质量。习近平总书记指出："办好思想政治理论课……关键在发挥教师的积极性、主动性、创造性。"教师在榜样与示范作用方面有很大影响，在与大学生的联系交流中扮演着主导者的角色，其言行举止、人格魅力等直接影响着大学生，影响着大学生获得感。新时代，高校思想政治理论课教师要首先提升自身知识水平、人格魅力等各方面综合素质，并在此基础上创新教学方式方法，发挥教育主导性作用，提升思想政治理论课教学成效。

第二，坚持主体性即坚持学生学习的主体性，发挥学生主体性作用。大学生的主体性表现在学习过程中的积极性和主动性，在学习上的动机、态度、行为等方面的主体性。高校思想政治理论课教学改革创新要取得良好成效，不仅要发挥教师的主导性，而且要发挥学生的主体性。要增强大学生在学习过程中的主动接受性，使大学生积极主动促进自我成长成才。只有发挥大学生的主体作用，高校思想政治理论课教学改革创新才能真正让学生有所学、有所用，达到改革创新的成效。只有将大学生的主体性充分发挥出来，让大学生真正成为思想政治理论学习的主人，充分挖掘大学生的内在潜力，才能使得教师的主导性作用得以有效发挥，才能切实提升高校思想政治理论课教学改革创新成效。高校思想政治理论课教学过程中，教师的主导性与大学生的主体性相辅相成，辩证统一。教学的过程，是教学相长的过程。教师主导性和学生主体性的有机结合有利于高校思想政治理论课教学改革创新的深入推进，一方面，教师主导性和学生主体性的有机结合有利于师生关系的正确认识和处理，有利于促进思想政治理论课的课程与教学的相关研究；另一方面，教师主导性和学生主体性的有机结合能够使得教师的"教"与学生的"学"得以有效协调，提升思想政治理论课教学成效。

2. 坚持主导性和主体性相统一的具体做法

高校思想政治理论课的根本任务在于"立德树人"，在于培养大学生德智体美劳全面发展。高校思想政治理论课教学改革创新要将主导性和主体性贯穿全过程，要将两者有机统一起来，不能只重视任何一个方面。过分强调教师主导性忽视学生主体性，将导致思想政治理论课教学过程单向而行，更多地会出现教师"灌输式"说教或是教师所采取的教学方式方法没有针对性；过分强调学生主体性忽视教师主导性，则会导致教学过程无序化或不科学化，导致教学质量和水平的欠缺，从而影响教学改革创新的成效。高校思想政治理论课教学改革创新要注重坚持主导性和主体性相统一，形成教师的"教"与学生的"学"的良性互动，处理协调好教学过程中教师与学生的关系，形成教学相长、良性互动的合力，最终实现教学中知、情、意、行的统一，从而提升大学生获得感，提升教学改革成效。

第一，思想政治理论课教师要发挥教学主导性作用，积极发挥主动性与创造性，在自身具备渊博知识，人格魅力的基础上，教育引导大学生坚定政治信仰，树立正确的马克思主义世界观与方法论。思想政治理论课教师要坚持"以生为本"的教学理念，尊重大学生的主体地位，注意结合教育对象的特点，有针对性地采取教学方式方法，充分发挥自身教育主导性作用。

第二，要注重大学生的主体地位的发挥。高校思想政治理论课教学改革创新要注重学生的主体性。教师要注重了解把握大学生的思想实际情况，以大学生的成长发展规律为基准，结合教育对象有针对性地开展思想政治理论课教学，不断提升大学生的综合素质。要坚持教育与自我教育相结合的教学原则，在课堂上与大学生积极互动，充分发挥大学生的积极性创造性，引导和激励大学生主动参与学习。教师主导作用发挥的最终目的是为大学生这个主体服务，是为了促进大学生的全面发展，教师在主导的过程中要始终把大学生的主体作用放在首位，通过大学生主体地位的实现达到教育的目的。

（七）坚持灌输性和启发性相统一

高校思想政治理论课教学改革创新要坚持灌输性和启发性相统一。高校思想政治理论课具有理论性学理性特点，知识传授的过程是一个理论宣讲的过程，同时也是一个价值引领的过程。因此，思想政治理论课教师既要给大学生传授科学系统的理论知识，又要注意通过启发的方式来调动学生学习积极主动性，要处理好灌输性和启发性的关系，坚持灌输性和启发性相统一。思想政治理论课教师在对学生进行理论知识传授的过程，要结合学生的需求和特点来开展，注重发现大学生关注的问题，为大学生答疑解惑。在进行理论灌输的同时注重引导大学生自己发现问题，采用启发式教学，通过启发引导来向大学生传授知识，激发大学生学习的积极性、主动性，启发大学生进行思考、探索，促使大学生在自我思考、自我参与中学到知识并运用知识。

1.坚持灌输性和启发性相统一的内涵要求

第一，坚持"灌输性"即坚持通过理论灌输来传授科学理论知识。灌输性指的是运用理论灌输的教学方法，在思想政治理论课教学实践中进行知识传授，通过知识传授来丰富大学生的马克思主义理论知识，提升大学生的马克思主义理论素养，培养大学生树立正确的思想道德观念。灌输是思想政治理论课教学的常见方式。通过灌输式教育，教师通过知识讲授能将大量系统的知识传输给学生，学生能较系统地掌握知识并进行知识建构。当然，灌输式的教学要求采取有效的方式来进行，而不是老师不顾及学生接受情况，将理论知识进行的"单向度灌输"，这样的灌输会导致学生无法真正接受和理解所学知识，难以达到预期教学效果。这样的灌输没有立足大学生的个体差异，没有做到因材施教，难以提升大学生的学习积极性。同时，思想政治理论课教师在对大学生进行灌输教育的过程中，要坚持社会主义的办学方向和马克思主义的指导地位，要明确正确的价值导向，教育引导大学生追求真理，提升大学生明辨是非的能力。

第二，坚持"启发性"即通过启发引导的方式方法对大学生进行教育教学。新时代思想政治理论课教学要重视对大学生的启发引导，在教学过程中要注重坚持启发性。也就是说，教师在思想政治理论课教学过程中要坚持问题导向，引导大学生关注重大理论和实践问题，并对此深入思考，通过启发教学教育学生理解接受知识，提升学生发现问题、分析问题和解决问题的能力。

2.坚持灌输性和启发性相统一的具体做法

高校思想政治理论课教学改革创新，要坚持把灌输性和启发性高度统一起来。在进行思想政治理论课教学过程中，要注重通过灌输来传播马克思主义相关理论知识，同时要通过启发引导让大学生积极主动进行学习，在理论灌输的过程中融入启发式教学，在启发式教学过程中将理论知识进行传授，将灌输性和启发性统一于思想政治理论课教学活动的全过程。

第一，坚持知识传授的灌输性。教师通过主导地位的发挥，传授知识来促进大学生的知识建构，帮助大学生获取马克思主义相关理论知识，建构思维框架以及情感图式。思想政治理论课教师首先要有坚定的政治立场、正确的价值观念、丰富的马克思主义理论学识，在此基础上，按照教学目标创设教学情境，在教学过程中选择合适的教学内容和方法，激发学生学习的主动性和创造性，通过课堂教学课外实践等形式，对大学生进行马克思主义相关知识传授。

第二，坚持教学过程的启发性。坚持思想政治理论课的启发性，首先要了解大学生特点，要对大学生思想发展的情况进行全面了解，把握思想政治教育规律。在此基础上，教师结合受教育者的特点情况有针对性地设计教学环节，在具体的教学环节中进行有效启发，从而使得思想政治理论课教学具有针对性。另外，要对大学生的困惑给予解答。高校思想政治理论课教学改革创新要以大学生的思想困惑为教学起点，重视大学生的需求，把握大学生关注的问题，结合大学生的疑惑来开展教育教学，启发大学生主动思考问题、分析和解决问题，从而达到知识传授、价值引导的目的；同时，在教学活动开展过程中遵循大学生思想发展的规律，启发大学生进行独立思考。

高校思想政治理论课教学改革创新要在教学过程中将灌输性和启发性相结合起来，以灌输性为基础来达到正确价值导向的目标，以启发性引导大学生运用多元化视角认识真理，提升思想政治理论课教学改革创新成效，完成思想政治理论课立德树人的目标。

（八）坚持显性教育和隐性教育相统一

高校思想政治理论课教学改革创新要坚持显性教育与隐性教育相统一。显性教育具有集中组织、目的明确等特点，主要指的是利用各种公开手段、公开场所，有领导、有组织、有系统的教育方法。高校思想政治理论课的显性教育通常表现为课堂为主要依托，以专题教育、主题研讨、文件报告等为主要形式来开展教育；隐性教育则具有潜移默化的特点，是相对于显性教育而言的另一种教育方法，计划性、组织性不强。高校思想政治理论课教学改革创新必须坚持显性教育和隐性教育相统一，把这两种基本模式有机结合起来。坚持显性教育和隐性教育相统一是思想政治工作"三全育人"的必然要求，思想政治理论课承担着培养人才的重要任务，要在发挥课程显性教育关键作用的同时发挥其他课程和部门隐性教育的功能，促进思政课程与课程思政的同向同行、协同发力，体现"课程思政"教学理念，实现全员、全过程、全方位育人。

1. 坚持显性教育和隐性教育相统一的内涵要求

第一，坚持"显性教育"即坚持通过有组织、有计划地进行系统、公开、外显的教学方式来开展高校思想政治理论课教学。高校思想政治理论课教学显性教育主要是指根据思想政治理论课教学目标和要求，在固定的时间和固定的场所内集中开展系统的马克思主义理论教育活动，从而教育引导大学生形成正确的思想道德观念。高校思想政治理论课显性教育具有目的明确、可控性高、可操作性强等特点和优势。坚持显性教育有利于思想政治理论课更好地发挥主渠道的作用。坚持显性教育，有利于对大学生进行价值观念培育、思想理论宣传。

第二，坚持"隐性教育"则是要注重挖掘其他课程和教学方式中蕴含的思想政治教育资源，实现全员全程全方位育人。隐性教育主要指的是以隐蔽的形式对大学生进行教育，通过潜移默化等隐性方式来丰富大学生的知识建构、促进大学生正确价值观的形成。隐性教育主要表现为将马克思主义相关理论知识积极融入其他每一课程，充分挖掘各方面的思想政治育人资源，体现"课程思政"理念，发挥其他各门课程，学校各个部门的思想政治育人作用，将对大学生的思想政治教育渗透在日常生活、学习过程中的各个环节中去，将全员全过程全方位育人落实到位。隐性教育具有形式灵活、作用深远等特点，隐性教育比显性教育更能达到潜移默化、润物无声的效果。通过隐性教育，能很好地使大学生自主接受教育，坚持隐性教育有利于更好地发挥各方面协同育人的功能。显性教育和隐性教育都具有自身的特点和优势，但也有相应的缺点和不足，比如，显性教育具有教学形式单一、灌输性强、不易被大学生乐于接受等特点，隐性教育存在系统性不足、随意性大等特点，因此高校在思想政治理论课教学改革创新的过程中，要将显性教育和隐性教育有机统一起来。

2. 坚持显性教育和隐性教育相统一的具体做法

新时代高校思想政治理论课教学改革创新要注重将显性教育和隐性教育统一起来，实现优势互补，提升教学改革实效性，提升大学生思想政治理论课获得感。高校思想政治理论课教学改革创新过程中要兼顾显性教育与隐性教育，在发挥好思想政治理论课主渠道的关键作用的同时，也要注重其他思政元素育人作用的发挥，坚持"课程思政"理念，实现全员全程全方位育人。

第一，要开展好显性教育。高校思想政治理论课教师要结合思想政治理论课教学目标任务，在思政课程视域下，根据教学目标和教学内容严格制定落实教学方案，充分发挥思想政治理论课主渠道作用，有计划、有组织地开展思想政治理论课教学。

第二，要注重隐性教育的开展。在开展好显性教育的同时，高校思想政治理论课的教学改革创新要注重发挥各教育资源的隐性教育功效，要根据不同阶段大学生的特点和需求，以思想政治理论课为核心，辅之以极具特色的素质教育，挖掘利用其他各课程、各部门的思想政治育人元素，将各个部门协调起来，促进课内与课外、线上与线下课程思政与思政课程协同育人，树立"大思政"育人观，形成各个部门、各门课程与思想政治理论课协同合作、同向同行的"大德育"育人大局，使思想政治教育贯穿于大学生成长成才全过程。

高校思想政治理论课教学改革创新要以"八个相统一"要求为原则，"八个相统一"要求具有丰富的科学内涵，其中，坚持政治性和学理性相统一、价值性和知识性相统一、建设性和批判性相统一的原则，体现了思想政治理论课课程的本质内涵；坚持理论性和实践性相统一、统一性和多样性相统一的原则，符合课程发展的客观规律；坚持主导性和主体性相统一、灌输性和启发性相统一、显性教育和隐性教育相统一，是从教学方法层面确立的高校思想政治理论课内涵式发展的重要原则。总而言之，"八个相统一"原则是针对思想政治理论课教学过程中所出现的理论与实践相脱离、大学生主体性发挥不到位、教学启发性不足等问题而提出的应对之法。这"八对关系"中，每一对关系的两个方面都密不可分，要将每对关系有机统一起来，这是新时代高校思想政治理论课教学改革创新必须遵循的重要原则。

第三章　高校思想政治教育的资源整合

第一节　新媒体环境下高校思想政治教育资源整合的基本依据

一、新媒体时代高校思想政治教育资源整合的必要性

新媒体技术的迅猛发展，为高校思想政治教育活动提供了广阔的空间，但无形之中也增加了思想政治教育的价值实现难度。资源整合的最直接意义就是使有限的资源最大限度地满足人们的需要，使资源利用达到最大化。在新媒体环境下，高校思想政治教育工作要突出资源整合意识，从资源的视角来研究和探讨资源整合对思想政治教育价值实现的意义。实行高校思想政治教育的资源整合，主要基于以下几方面原因。

（一）适应新媒体时代高校思想政治教育资源新特点的现实需要

新媒体时代，新媒体以其海量的信息、迅捷的传播速度、"多对多"的传播方式、受众范围广以及影响结果直接显著等特色，使其在高校思想政治教育中所起的资源性作用正逐渐被认识和重视。新媒体在高校思想政治教育中的地位和作用的显现，赋予了高校思想政治教育资源新的特点。

1. 潜在性

如同其他资源一样，思想政治教育资源无论其存在形态、结构，还是其功能和价值，都具有潜在性，必须经过思想政治教育工作者实施主体自觉能动地加以赋值、开发和利用，才能转化成现实的思想政治教育资源。新媒体时代，高校校园媒体的教育功能需要经过思想政治教育工作者自觉主动地加以开发和整合才能得以实现。

2. 多样性

思想政治教育资源的"客观状态"具有多样性，不同地域、不同时代、不同文化背景下，可供开发和利用的思想政治教育资源不同。新媒体时代，知识层面的、活动层面的以及环境与设施层面的高校思想政治教育资源，在概念和外延上得到了拓展。新媒体所承载的内容信息、文化、思维方式及其自身的知识传递的功能性作用，使得高校思想政治教育资源得到了极大的丰富。

3. 动态性

思想政治教育资源是一个与社会资源系统、人的主观价值系统和开发条件等动态适应的子系统，因而不同主体在不同情景下面对可能开发利用的思想政治教育资源是不同的。新媒体的开放、迅捷、及时和海量化信息承载量，赋予了高校思想政治教育资源动态的、开放的和较强情景性的特点，因而，必须针对具体的时空条件和情景进行开发与利用。

4. 选择性

思想政治教育资源是客观社会资源经过主体筛选后具有主观性和客观性的资源，其涉及范围广泛，包括制度层面、精神层面和物质层面。新媒体在高校校园的兴盛丰富了高校思想政治教育的手段和途径，扩大了思想政治教育资源的选择性。

（二）加强新媒体时代高校思想政治教育资源利用的必然要求

新媒体时代，加强高校思想政治教育资源整合是为了合理地利用资源，使高校思想政治教育具有更强针对性和实效性。如今的高校思想政治教育资源整合虽然取得了显著的成效，但是在整合过程中仍然存在着一些不可忽视的问题。因此，必须深化对高校思想政治教育资源整合必要性的认识，深刻认识"四个必然要求"。

1. 提高高校思想政治教育资源使用效率的必然要求

一般来说，教育者在高校思想政治教育实践中遇到和直接运用的都是高校思想政治教育个别而具体的资源形态。但是，无论哪种资源形态都不是孤立存在的，而是与其他的资源形态相互依赖、相互支撑，有机结合在一起而形成一个整体。在高校思想政治教育资源整合过程中，存在着现有高校思想政治教育资源的有限性和所需资源无限性之间的客观矛盾。只有在现有的条件下，充分把握思想政治教育资源的属性，正确地审视和理解高校思想政治教育资源之间的内部关系，再进行全面的合理整合与配置，达到资源共享，才能更好地提高高校思想政治教育资源的使用效率。

2. 提升高校思想政治理论课实践教学资源质量的必然要求

高校思想政治理论课实践教学资源的质量，是指思想政治理论课实践教学资源作为一个系统，它的各组成要素能否满足实践教学的要求，以及各要素之间能否实现最优组合，形成合力，使之功能效益最大化。实践教学资源的质量也是影响高校思想政治理论课实践教学环节顺利实施的重要因素。新媒体时代，高校思想政治理论课实践教学资源既有人、财、物等有形的要素，又有教风、学风、校园环境、社会舆论等无形要素，这些要素之间的结构是否搭配合理，既反映了资源本身的质量，又直接影响和制约思想政治理论课实践教学的效果。即各种实践教学资源对思想政治理论课实施所起的作用不是一个简单的、直接的、机械的过程，而是一个有机的、综合的复杂过程。任何单个要素所起的作用都是十分有限的，只有将各种实践教学资源的力量联合起来实现资源共享，才能形成教育合力，达到资源综合利用的最佳效果，而这些只有通过对资源的充分整合才能实现。通过整合，可以将所需要的各种思想政治理论课实践教学资源按计划和要求进行调配和优化组合，使其相互联系、相互作用、相互影响，以提高资源的质量和利用效益，从而实现实践教学的既定目标。

3. 推进高校思想政治教育社会化的必然要求

高校思想政治教育社会化是指高校思想政治教育要适应社会发展的需要，贴近大学生的实际生活，以学校为中心，在全社会共同关心支持下，引导大学生适应社会、参与社会、服务社会，实现高校思想政治教育与社会教育相互渗透、相互作用的过程。高校思想政治教育的社会化从本质上说就是为了促进大学生的社会化，它不仅是高校的任务，也与各级部门和社会各界有密切联系，因此，社会上的相关部门和相关群体都要关注和重视高校思想政治教育，特别是要树立全员育人、全过程育人和全方位育人的高校思想政治教育观念。随着新媒体的广泛运用，决定了高校思想政治教育资源整合方式的多样化，只有通过多样化的资源整合方式，才能达到高校思想政治教育资源利用率的最大化和效益的最优化，从而有力地促进高校思想政治教育社会化。

4. 对大学生进行立体教育和综合培养的必然要求

当前，新媒体的发展进程不断地改变大学生的思想、学习和生活状态，拜金主义、享乐主义和个人主义等社会思潮严重冲击着大学生的思想道德观念，高校思想政治教育工作者必须适应时代发展的要求，以社会主义的教育方针为指导，在高校思想政治教育实践中，将学校教育、家庭教育和社会教育相结合，形成合力，并将各种校内资源和校外资源进行合理整合，充分发挥高校思想政治教育资源的作用，以提高高校思想政治教育的适应性和有效性。只有这样，才能对大学生进行立体教育和综合培养，规范大学生的思想和行为，引导其走上符合当前社会主义教育事业发展要求的道路上来。

二、新媒体时代高校思想政治教育资源整合的可行性

（一）需求的交互性为高校思想政治教育资源整合打下基础

高校思想政治教育资源整合的指导思想在于"优势互补、相互促进"。各高校既是思想政治教育资源的供给者，又是需求者，这种交互作用使得资源整合成为可能。不同地区、不同类型的高校在思想政治教育资源方面存在着很大差别，这种差别表现为三种情况：一是学校之间存在着思想政治教育资源的差异性。在大批的研究型院校中，思想政治教育资源优势主要体现在理论研究和学科建设方面。不足之处是教学与思想政治教育的实际工作相脱节的现象较为普遍，学校培养出来的博士大多又继而从事学科建设、理论研究，极少有人投身思政教学和实践工作，理论研究优势没有转化成教育实践优势。从长远看，虽然学科建设最终会大力推进思想政治教育的资源建设，但是，近些年来，在客观上造成的现实是大批学者很少直接面对本科生开展思想政治教育工作，脱离思想政治教育工作第一线，思想政治教育资源"流失"。由于马克思主义理论与思想政治教育学科建设，尤其是与思想教育实践相脱节，造成高校思想政治教育资源的结构性"流失"严重，思想政治教育工作者（教师、行政、辅导员队伍）主要从事一线的思想政治教育工作，体验深刻，其优势在于教育观念开放、实践经验丰富以及思想政治教育信息资源密集。缺陷是队伍偏年轻化，缺乏理论归纳和总结能力不强。从整体发展来看，研究型高校与教学型高校实现思想政治资源的优势互补，既是促进我国高校思想政治教育资源均衡配置的必由之路，也是各高校提高思想政治教育实效性、创新性的现实要求。二是部分高校存在着思想政治教育资源闲置浪费的状况。一些重点院校和有思想政治教育学科设置的文科类院校，其雄厚的师资力量和丰富的实践基地等资源并未得到充分利用，因此，愿意以某种方式提供给其他学校使用。三是部分高校的思想政治教育资源不足，存在着共享的需要。以上三种情况使得思想政治教育资源整合存在可行性和合理性。各种类型的高校通过资源整合实现双赢的同时，最终将促进高校思想政治教育整体水平的提高。

（二）有利的政策环境为高校思想政治教育资源整合提供保障

要实现高校思想政治资源教育整合，除了对资源的分布进行分析外，还必须从资源整

合的支持系统进行考察。事实上，高校思想政治教育资源能否实现整合，以及在什么情况下能够实现整合往往受环境条件的制约。从我国现有的支撑政策来看，国家思想政治教育司非常重视青少年的思想政治教育工作，为大力支持高校做好思想政治教育工作，连续出台了相关文件，并组织了四门思想政治理论课教材的编写，以及组织骨干教师培训和辅导员队伍培训。各级教育部门也实行思想政治理论课教师全员培训，推行了持证上岗制度。新中国成立以来，如此大规模的思想政治教育培训是第一次，这在高校的各学科领域里也是独特的优势，国家和行政主管部门的政策支持为高校思想政治教育资源整合提供了政策保障和便利条件。

（三）迅速发展的互联网技术为高校思想政治教育资源整合提供支持

20世纪90年代以来，信息网络技术得以迅猛发展，网络覆盖面越来越广。据统计，目前，全国高校建设有校园网、互联网已经成为校园生活中不可缺少的重要组成部分。

迅速发展的高校互联网是高校思想政治教育资源整合的技术支持，互联网具有信息量大、信息发布快、可异地传送以及不受时间、空间限制等优点，能够在一定程度上解决高校思想政治教育资源相对分散的问题。高校可利用网络技术来收集思想政治教育的资料，通过网络来丰富思想政治教育资源。目前，全国绝大部分高校都建立了思想政治教育网络或相关的校园网。从硬件设备角度看，当前开展网上思想政治教育在技术上已经比较成熟，我们只需要一些多媒体计算机，开通网络就可以参与高校思想政治教育资源的共建共享，充分发挥各类教育资源在高校思想政治教育中的作用。

总之，高校思想政治教育资源的整合与共享不仅是必要的，而且是可行的。它的必要性会随着高校的改革发展而愈显迫切，它的可行性会随着党建工作内容和技术的双重推进而与日俱增。

第二节　新媒体环境下高校思想政治教育资源整合的理论支撑

新媒体时代高校思想政治教育资源整合需要理论支撑，不仅需要哲学、经济学和教育学等基础理论和最新形势政策的依据，还要充分吸收其他相关学科的理论知识，并密切关注其他学科的最新理论发展，唯有如此，才能使高校思想政治教育资源达到最佳整合，并充分发挥资源整合后的效应，更好地推进新媒体时代高校思想政治教育工作。

一、哲学支撑

（一）马克思主义关于社会存在与社会意识关系的原理

马克思主义从观察社会历史现象的"现实的前提"出发，详细地论述了社会意识从产生到发展的过程及其本质，马克思和恩格斯对社会现象的变化和历史发展与演进都作了全面的概括与分析，从这一前提出发，详细地阐述了有关社会意识的相关问题，主要包括社会意识是如何产生、怎样发展以及它的本质是什么，并且明确提出和系统阐述了"意识在任何时候都只能是被意识到了的存在，而人们的存在就是他们的现实生活过程"，"不是意识决定生活，而是生活决定意识"的原理。马克思和恩格斯在历史唯物主义原理中所提的社会存在决定社会意识，指的是社会存在是社会意识的根源，是第一性的；社会意识是对社会存在的反映，是第二性的，社会存在决定社会意识的发展变化。

如果要全面正确地理解社会存在与社会意识的辩证关系，不但要认识到社会存在决定社会意识，还要特别重视社会意识的能动的反作用和其相对独立性。这就要求我们在高校思想政治教育实践中，不但要弄清社会存在与社会意识的关系，还必须正确理解社会意识尤其是先进意识对社会存在的能动的反作用，只有这样，才能充分发挥思想政治教育的巨大作用，从而对高校思想政治教育资源存在的必要性和可行性有个全面的认识和高度的重视。

所以，只有加强对大学生物质生活状况及其变化发展规律的研究，探寻大学生产生思想问题的物质根源，才能较为全面地掌握大学生的思想面貌以及变化发展的趋势。在具体实践中，必须准确把握大学生的生活实际，积极争取社会中的有利力量，抵制和克服社会中的消极影响，从而深化高校思想政治教育资源配置的效率和水平，提高资源的利用率和使用质量，不断增强高校思想政治教育的针对性和实效性。这就为高校思想政治教育资源的有效整合提供了最基础的理论支撑。

（二）马克思主义关于人的本质的理论

马克思主义关于人的本质的论述，为我们科学地认识大学生及其思想提供了基本的理论依据。马克思和恩格斯对前人的观点做了系统的研究和批判，去粗取精，从而吸取了人类思想史上最具有价值的理论成果，批判地继承了黑格尔辩证法的合理内核和费尔巴哈唯物主义的基本思想，创立了辩证唯物主义和历史唯物主义。马克思和恩格斯结合自己的研究，在此基础之上，在人类历史上第一次科学准确地阐述了人的本质是什么。马克思在

《关于费尔巴哈的提纲》中作出了对人的本质的科学论断："人的本质并不是单个人所固有的抽象物。在其现实性上，它是一切社会关系的总和。"这就是马克思主义关于人的本质问题的最经典表述，它不仅是对人的本质的科学论断，还为科学考察人的本质开辟了正确途径。

根据历史唯物主义的观点，马克思主义第一次提出了人的本质由社会关系决定的理论命题，这具有开创性的意义，自此以后，人类研究人的本质具有了科学的思维方法和准确的理论基础。社会关系作为一个整体性的系统，是十分庞大而且非常复杂的。从马克思主义关于人的本质理论看，人的思想的形成与发展变化无时无刻不是受到社会关系的制约，这就要求高校思想政治教育必须建立在社会关系的充分发展基础之上。

以上的论证成为高校思想政治教育资源配置的重要理论依据，为高校思想政治教育资源整合确定了科学合理的目标。这也要求在高校思想政治教育资源整合的过程中应该认识到以下几个问题：首先，高校思想政治教育的主体是人，并存在于一定的社会关系之中，思想政治教育资源是被人所利用的，也一定是蕴含在一切社会关系的总和之中的；其次，大学生的思想以及高校思想政治教育资源都应该具有一定的特点和差异，要对其作出准确的把握和判断，只有将其放在大学生所处的特定的社会关系中去理解才有意义；最后，大学生思想和高校思想政治教育资源的发展变化，必定与大学生所处的各种社会关系的发展变化紧密相关。只有这样，才能充分把握和利用高校思想政治教育资源，用以增强高校思想政治教育的社会性和适应性。

二、经济学支撑

（一）供需均衡理论

我国经济已由高速增长阶段转向高质量发展阶段。在实践中必须把握三个具体要求。坚持质量效益导向、坚持创新驱动发展、坚持全面深化改革。

供需均衡是一个经济学术语，它涉及两个概念（即供给和需求）和一种状态（供给—需求状态）。经济学中的产品生产是指厂商的行为，产品需求是指消费者的意愿行为。供需均衡理论，指的就是生产者提供的产品只有符合消费者的需求，市场的供求才会达到均衡。如果供给与需求不匹配，即供给者提供的不是消费者所需要的，那么，一方面生产者浪费了为生产其产品所耗费的人力、物力和财力；另一方面，消费者的需求得不到很好的满足。所以，消费者所具有的现实和潜在的消费需求，应该成为生产者在生产过程中的目标基础，只有这样，才能生产出满足广大顾客需求的优质产品，否则，生产者的生产就具有盲目性，生产和消费的供需平衡就不能圆满实现。

高校思想政治教育资源作为一种特殊的商品，其生产者为"教育者"，即高校思想政治教育相关部门、教师和职工；需求者为高校大学生，作为高校思想政治教育重要载体的思想政治教育资源在教育者和大学生之间存在着"供给—需求"关系。按照市场规则，如何配置资源、组织生产都取决于消费者的消费需求。

在高校思想政治教育过程中，大学生的需求状况是分析决策参考的一个最为重要的因素。新媒体时代，高校思想政治教育资源必须与大学生的学习、生活和思想实际紧密结合起来，从人本理念出发，切实做到大学生想之所想、急之所急，只有这样才能使传统思想政治教育过程中教育内容"入耳不入心"的被动局面得到良性转变，从而充分发挥高校思想政治教育的巨大效用，也就能够为高校和谐发展提供强有力的思想文化基础。

在经济生活中，需求和供给是相互独立而又相互依存的，一方面需求带动供给；另一方面供给也创造需求。然而，在高校思想政治教育中强调供求一致，并不是完全按照大学生的需要来提供思想政治教育资源，他们需要什么就生产什么，而是要对大学生的需求进行正面引导和层次提升，使思想政治教育产品的生产不仅遵循了供求规律，而且符合高校思想政治教育的切实需要。因此，我们提供给大学生的思想政治教育资源首先是能够符合大学生实际需求的，绝不能是无原则地、只是随意迎合学生的任何需求，而是要求必须将大学生的个人需求与高校和社会的整体需求进行统一，从而能够最大限度地满足其个人需求。对于那些不符合高校和社会目标的思想政治教育资源，则应当加以引导和纠正。

（二）成本效益分析理论

成本效益分析是一种通过比较项目的全部成本和效益来评估项目价值的方法，成本效益分析是一种经济决策方法，就是将成本费用分析法运用于政府部门的计划决策之中，以寻求在投资决策上达到如何以最小的成本获得最大的效益。需要量化社会效益的公共事业项目价值就经常用这种分析方法来评估。

19世纪，法国著名的经济学家朱乐斯·帕帕特（Jules Papat）在其著作中首次提出了成本—效益分析方法的概念，并将其定义为"社会的改良"。随后，越来越多的专家和学者开始关注这一理论，并开始逐步应用于社会生活中，甚至开始渗透到政府活动中。随着现代社会经济的迅速发展，政府的职能逐渐多元化，政府投资项目也开始逐渐增多，在政府的实践应用和积极推动下，这一理论在经济运行过程中的作用也越来越明显。这促使广大人民也开始更加关注投资，重视投资项目支出的经济和社会效益。在此基础上，成本效益分析理论在实践方面也得到了迅速发展，现如今这种能够比较成本与效益关系的分析方法已经被世界各国广泛采用并运用于各种领域。例如，成本效益分析法运用在高校思想政治教育领域，这种成本包括思想政治教育的实际成本和机会成本，其中实际成本也叫直接成本，指的是以货币支出的教育资源价值，机会成本也叫间接成本，指的是因资源用于教育所造成的价值损失，也就是说，如果资源不用于高校思想政治教育，它可能获得的最大的收益。

效益是检验高校思想政治教育资源整合水平的唯一标准。从本质上讲，高校思想政治教育工作的效益是一种精神效益，是人的世界观、人生观、价值观以及知识量、信息量等主观世界的某些积极变化。各类高校思想政治教育资源在形式上有很大的差异性，在作用上也有很强的替代性，必须结合高校思想政治教育实际确定使用哪种资源、使用多少以及选择使用的时机和场合，这就是新媒体时代高校思想政治教育资源整合所需要解决的重要问题，它直接关系到高校思想政治教育的效果。高校思想政治教育资源整合是一个动态的过程，主要是组织和支配各类教育资源为大学生教育目标服务。在资源整合过程中，应该遵照成本—效益分析的方法，使教育资源能够得到有效配置，形成合力，达到事半功倍的效果。

三、生活教育理论

生活教育理论是著名教育家陶行知教育思想的主线和重要基石，集中反映了他在教育目标、内容和方法等方面的观点主张，陶行知探索适合中国国情教育理论的努力，由此可见，陶行知的"生活教育"理论从渊源上讲是吸取和改造的杜威教育思想，主要包括生活即教育、社会即学校、教学做合一相互联系不可分割的三个方面。这一理论最主要的特点就是主张教育要同实际生活相结合，反对传统教育中死读书的旧观念，更加注重儿童的创造性和独立工作能力的培养。

"生活即教育"是陶行知生活教育理论的核心。陶行知指出："生活教育是生活原有，生活所需自营，生活所必需的教育。教育的根本意义是生活之变化。生活无时不变，即生活无时不含有教育的意义。"陶行知认为，教育这个社会想象，起源于生活，生活是教育的中心，教育应为社会生活服务，在改造社会生活中发挥最大的作用。"社会即学校"，是"生活即教育"思想在学校与社会关系问题上的具体化。陶行知认为自古以来，社会就是学校，因为所有的教育思想都来源于社会，所以社会应该是人民大众唯一的、共同拥有的大学校。"教学做合一"，是"生活即教育"在教学方法问题上的具体化。生活教育理论要求学生在接受教育的过程中手脑并用，劳力与劳心同行，这就大大突破了传统教育上只重视学校教育而忽视社会教育，只重视书本学习而忽视生活实践、劳心与劳力相分离的限制，迸发出强烈的时代气息。

从生活教育理论阐发的观点来看，在新媒体时代尤其强调高校思想政治教育的实践活动必须克服传统教育理念上的错误看法，改变过去那种以学科、课堂、教师为中心的传统教育模式，树立起源于生活、最终还要回归于生活的教育理念。我们要深入发掘现实生活中的高校思想政治教育资源，使现实社会生活中教育资源的作用得以充分发挥，对理论教学和现实生活中的思想政治教育资源进行优化整合，努力实现理论教学和现实生活的相互融合与统一。

第三节　新媒体环境下高校思想政治教育资源整合的路径选择

一、转变思想观念，科学定位资源整合

新媒体时代，高校思想政治教育的环境发生了重大变化，思想政治教育资源整合必须首先从转变思想观念入手，树立整体、全面、开放、效益、发展的新思想政治教育资源观。为此，需要树立"四个资源观"。

（一）树立思想政治教育资源辩证观

确立高校思想政治教育资源辩证观，需要我们正确处理好三个重要的资源矛盾关系：一是思想政治教育资源的有限性与无限性问题，思想政治教育的人力资源、财力资源、物力资源、组织资源等就其物质性而言是有限的，但新媒体所提供的思想政治教育资源以及教育工作者利用资源的潜能是无限的。二是思想政治教育资源的有用性与有害性问题。新媒体所提供的资源海量、鱼龙混杂，既可以成为思想政治教育的有利资源，也可能对大学生造成不良的影响。三是思想政治教育资源量与质的问题。量与质的辩证关系要求我们在不断丰富高校思想政治教育资源的同时，也要不断提高资源的"质"，提升资源的利用率。

（二）树立思想政治教育资源层次观

高校思想政治教育资源是可以从纵横双向划分的矩阵系统。从横向来划分，思想政治

教育资源可以分为人力资源、财物资源、信息资源、组织资源、制度资源和文化资源等。就文化资源而言，又可从纵向划分为传统文化资源、国外文化资源与网络文化资源等。思想政治教育资源的层次观要求我们对各个层次的资源进行有效整合，让思想政治教育贴近大学生生活实际，改变过去对有些思想政治教育资源不客观、不现实、理想化过重、人为拔高的情况。

（三）树立思想政治教育资源整体观

新媒体时代高校思想政治教育资源是丰富多彩的，融传统与现代、虚拟与现实、国内与国外、整体与部分为一体。一般来说，教育者在思想政治教育中直接碰到和运用的总是个别而具体的资源形态。然而，无论哪种资源形态都不是孤立的，而是同其他与之相关的资源形态结合在一起的。这就是资源的整体性质。要提高思想政治教育资源的利用效益，就必须树立对教育资源的整体观，协调好思想政治教育工作者队伍内部以及思想政治教育工作者和非思想政治教育工作者之间的关系，既要看到具体的思想政治教育资源的特性，又要看到相关的各种资源的整体优势，避免资源的重复建设与浪费。

（四）树立思想政治教育资源发展观

新媒体时代，由于高校思想政治教育资源是同新媒体的发展和人的发展需要以及教育者的开发能力联系在一起的，因而便具有了历史性质，不仅其品类、数量、规模在不断的变化中，而且其功能也在不断地发展着。思想政治教育是精神文明建设的重要组成部分，客观上应与物质文明和政治文明同步发展。高校思想政治教育工作者应坚持资源化建设导向，主动充实网络思想政治教育资源；同时要善于将各类信息加以系统分类整理，变信息资源为网络思想政治教育资源。

二、坚持整合原则，规范资源整合

新媒体时代高校思想政治教育资源整合是依据一定的目的和需要而进行的信息加工活动，是涉及技术可行性、整合后的知识间的关系性以及高校教育功能、学生的满意度等多方面因素的复杂工作，所以在整合的过程中高校要制定出相关的原则、标准来对思想政治教育资源的整合过程予以约束、规范，只有这样才能充分发挥思想政治教育资源的强大功能和优势，更好地为大学生服务。归纳起来，高校思想政治教育信息资源整合原则有以下几种。

（一）开放性原则

开放性，是新媒体时代的重要特征。当今世界，全球化趋势日益加剧，只有致力于推进世界思想政治教育资源供应体系和需求市场的共同开放，不同思想政治教育资源才能借助于不断扩大的开放发挥互补效应。任何一个实行闭关锁国、地方保护主义政策的国家和地区都不可能在开放的时代背景中领先。要保证思想政治教育资源开发成果辈出，必须以开放的眼界，放眼整个人类资源市场。具体而言，就是要学会利用国际、国内两个资源市场，加强区域之间的思想政治教育资源整合，实现合理开发，有效使用。思想政治教育资源系统本身是一个开放的体系，它不断地同外界的其他不同系统之间发生着信息交流，实现不同地区之间资源的互补和动态交流。但同时也应当看到，新媒体技术的发展使得高校处于一个开放的信息环境之中，也使高校思想政治教育环境日趋复杂。因此，高校在构建思想政治教育环境中必须坚持社会主义的政治方向，开放高校校园媒体信息，在学生自由的选择接受和发布信息的同时，学校应给予积极的、主流的引导和约束。

（二）创新性原则

创新是一个民族的灵魂和生命力所在。创新就是要突破已有的、不合时宜的旧框框，建立起符合时代新需求的新方法、新体系。新媒体时代高校思想政治教育资源的整合也离不开创新，创新是思想政治教育资源整合应坚持的重要原则。人们总是希望能够看到新闻传媒中有新的东西出现，千篇一律的事物很容易让人产生审美疲劳，导致人们对校园媒体所传播的内容关注度下降，校园媒体的作用就随之减弱。因此，校园媒体思想政治教育资源在进行整合和利用的过程中，应该坚持创新的原则。

（三）系统性原则

高校思想政治教育资源整合是一项系统工程，按系统论基本原理，一方面，高校思想政治教育资源整合系统自身的动态平衡，是维持该系统可持续存在的基础；另一方面，各高校思想政治教育资源系统之间彼此释放的功能应互相契合，建立良性的互馈机制。在教育中，最忌讳的是各种教育因素的无系统性、不协调性所导致的各种教育影响的相互冲突，使教育的效果被抵消，甚至使被教育者产生思想混乱，导致负效应。因此，在系统整合高校思想政治教育资源过程中，应在充分开发和利用人力资源的基础上，使优秀的高校教师掌握和采用最有效的介体资源，创造最有利的环境资源，充分利用雄厚的网络资源、文献资源，有效协调高校教育系统内部各部门、各单位之间的关系，使高校思想政治教育系统的内部各要素，目标一致、紧密配合，实现高校的各种思想政治教育资源的最佳整合，以充分发挥高校思想政治教育系统的整体功能。坚持系统性原则，最优化是系统论的一个组织原则，可以理解为选择解决某种条件下各种任务的最好方案，使之在资源整合过程中尽量高效、合理、协调。总之，保证高校思想政治教育资源整合系统的功能契合，保持系统内部的动态平衡，是新媒体时代高校思想政治教育资源配置环境协调发展的最基本原则，应严格遵循。

（四）实效性原则

高校思想政治教育资源整合应以学生需求为出发点和落脚点，只有紧紧把握学生需求，以学生满意的方式提供给他们所需要的信息资源，提高信息资源整合的全面性、综合性、时效性和准确性，才能真正确立在新媒体环境下经得住考验的思想政治教育资源体系。所以，在整合的过程中高校必须站在学生的角度去分析、设计和规划，尽可能地方便学生使用，增强思想政治教育资源检索系统的可操作性和实效性。

在整合高校思想政治教育资源过程中，还应兼顾各种校园媒体的经济性和效率性之间的平衡。根据资源本身的属性特征，高校网络媒体思想政治教育资源的整合必须遵循经济性的原则，充分体现实效性。所谓经济性原则就是指要追求资源整合能实现的最佳效益，能用最少的投入来追求德育资源价值的最大化，要尽可能用少的物质支出和精力支出，达到最理想的效果，具体包括开支的经济性、时间的经济性、空间的经济性。整合高校网络媒体思想政治教育资源要立足经济性，追求实效性，实现效益最大化。在经费上，要用最节约的开支取得最优化的效果。在人力资源上，要充分发挥学生个体、学生团体的力量，让学生积极主动、有质有量地参与到校园媒体的运作过程中。

（五）科学性原则

在高校思想政治教育资源整合的过程中，高校要对信息资源的整合对象、整合内容、整合方式等进行科学的论证，运用一定的技术手段和方法，确定不同类型、不同层次的信息资源整合的范围、比例，并且制订出明确的计划，科学有效地开展整合工作。只有这样，才能使高校思想政治教育资源得到合理的组合，使整合后的思想政治教育资源取得最好的组织结构和功能，最大限度地发挥新媒体时代高校思想政治教育资源的总体效用。另外，还要看到，由于思想政治教育资源本身以及学生需求都具有明显的层次性、差异性，所以高校思想政治教育资源整合过程中还要按不同类型、不同层次、不同方式进行多维的整合，切忌随意拼凑。

（六）超前性原则

思想政治教育的功能不仅在于处理人们已经表现出来的思想问题，纠正其行为偏差，更重要的是要善于预测人们的思想走势，可能出现的思想问题，防患于未然。同样，在新媒体环境下，整合高校思想政治教育资源，也必须以超前性原则为指导，根据当前社会的发展趋势和人们思想发展态势，前瞻性地开发未来思想政治教育所需要的资源，从而提前做准备，增强思想政治教育对受教育者的影响。例如，鉴于新媒体技术的发展和互联网用户激增的趋势，当前应该加强对网络技术资源的利用，率先将其引入思想政治教育活动中，抢占思想政治教育网络阵地，让网络成为思想政治教育资源开发的重要内容。

（七）增效性原则

高校思想政治教育资源整合应切实体现以效益为主的原则，即高校思想政治教育资源整合要有利于重新合理地组合现有资源，使其发挥更大的合力作用，实现1+1＞2的增效效应。经济活动讲效益，高校思想政治教育资源整合也要讲效益，任何设定目标的社会实践活动都必须讲求效益。只有重视效益，合理整合资源，避免造成资源浪费，才能达到比整合前增效、增量的目的，最大限度地避免各种资源浪费，提高思想政治教育资源的利用率。

（八）可持续性原则

随着人们对资源稀缺性特点的认识，可持续发展战略逐渐被各国作为国策加以贯彻实施。在思想政治教育资源整合系统中，思想政治教育自然资源、社会资源和人才资源开发都必须严格遵循可持续发展原则，贯穿始终。因此，贯彻可持续发展原则，就是要求思想政治教育资源的整合既要满足当代人进行思想政治教育的需要和愿望，培养有平等公正意识的、能与自然协调的、可持续发展的新人，又不至于违反思想政治教育规律和社会发展的规律，影响下一代人和未来社会的发展。具体来讲，合理整合思想政治教育资源，就是要及时确保教育资源的补偿和再生，避免教育资源的缺乏和枯竭，从而保证思想政治教育的"再生产"和"扩大再生产"。在这一过程中，必须注重发展的持续性、稳定性、整体性、协调性等。此外，不仅要求节约利用，合理配置资源，而且要求对资源进行保护和更新建设，做到在整合中保护，在保护中整合。总之，不利于整合的保护是无价值的，不作保护的整合是不可持续的。

三、优化资源整合，提高资源利用率

当前优化高校思想政治教育资源整合、提高资源利用率，可从以下几个方面入手。

（一）扩大整合主体范围，充分发挥微观资源和宏观资源的作用

1. 从微观资源方面分析

首先，马克思主义理论课教师应该成为新媒体时代高校思想政治教育资源的主要整合者。马克思主义理论课教师具有丰富的思想政治教育理论知识，具有一定的教学经验，熟悉本校及所属地区的思想政治教育资源分布情况，熟悉学生的思想状况，加之熟练掌握新媒体技术，他们是整合思想政治教育资源最合适的人选。同时，教师本身具有的思想、知识、经历等，其言行、教学方式等都是重要的思想政治教育资源，教师本身是这种资源的拥有者，当然应该是这种资源的整合和利用的主体。其次，大学生应该成为开发的主体。现代社会的发展，使得新媒体成为大学生生活中不可缺少的部分，新媒体在大学生之间的交流和学习中所起的作用越来越重要，他们在相互交流的过程中既受到新媒体传播的信息影响、也受到对方思想的影响，他们的思想、经历、生活经验等都成为思想政治教育资源，所以，大学生不仅是高校思想政治教育资源利用的主体；同时，也应该成为整合的主体。

2. 从宏观资源方面分析

高校领导者和教师（马克思主义理论课外的其他教师）都应该转变各自为政的思想，尤其是学校领导的思想关系到整个学校及校外思想政治教育资源的整合，学校领导首先要重视新媒体时代高校思想政治教育，只有从思想上重视，才能谈资源的整合和利用。学校领导是思想政治教育决策系统的核心，只有重视思想政治教育，才会在制度、规范的制定上有所体现，才会在奖惩等方面进行合理分配，所以，学校领导既是制度层面的静态资源的开发者，也是高校思想政治教育人力资源的整合利用主体。学校领导也是校内、外资源整合的协调者。新媒体时代，建立学校、家庭、社会"三位一体"的思想政治教育网络，形成全员育人的局面已是大势所趋。

（二）创新整合模式，实践探索高校思想政治教育资源整合

从技术操作层面探索高校思想政治教育资源整合模式，有学者提出有"三种整合模式"可供参考。

1. OPAC整合模式

OPAC，即Online Public Access Catalog，联机公共检索目录，是高校图书馆进行信息资源整合的最基本方式，值得高校思想政治教育资源整合借鉴。OPAC书目系统资源整合

包括馆内资源整合和馆际间的资源整合两种方式。馆内OPAC系统资源整合主要指OPAC书目出处与其电子全文图书、电子全文期刊、视听资料的对应链接以及书刊与其评论信息、来源信息的对应链接。学生检索到书目信息后，可以立即阅读书刊的全文，还能浏览与之相关的文字、音频、视频等资源。馆际间OPAC系统资源整合主要是通过执行"Z39.50"协议，聚合不同平台上的异构OPAC数据库，建立书目整合检索系统。整合后，学生只需通过一个OPAC系统界面即可检索到相关思想政治教育的OPAC资源。这里的"Z39.50"协议是一个对于整合数字信息资源有重要意义的计算机网络协议，它在信息资源的整合中正发挥着越来越大的重要作用。

2. 跨库检索的整合模式

由于不同的数据库有着不同的编码结构和表达方式，每个数据库使用的检索技术和数据存放格式不同，各数据库以不同的检索界面呈现给学生，学生要掌握这些检索系统的使用方式并非易事。因此，对不同的思想政治教育资源数据库的信息资源进行整合，构建同一个检索平台，实现多数据库的跨库检索。跨库检索的实现机制，就是学生登录到同检索界面提交用户名和密码，指定检索配置，提交检索词，选择要检索的数据库和站点、检索方式等，然后提交选择，系统调用每一个选定的数据库和站点，并把检索表达式转化成系统可识别的表达式，让每个数据库自主完成检索过程，数据库返回的是包含有相应记录信息的静态页面。同时，系统还要对各静态页面进行格式转化以及信息解析工作，提取所需要的信息，转化成统一的格式，最后再对检索的记录进行整合排序，把整合好的统一结构的记录提供到统一的检索界面。

3. 指引库建设的整合模式

在网络思想政治教育资源整合过程中，要把杂乱庞杂的信息资源整合成用户易于接收的形式提供给学生，就必须开发出具有二次信息检索功能的指引库。但指引库实际上只是采用超文本技术建立的虚拟数据库，从物理上并不存储各种实际的信息资源，但学生通过对其访问却可以检索到有关思想政治教育的实际资源，即它可以指引学生到特定的网址获取所需要信息。指引库的建立首先要搜索相关网站，这种搜索可以采取自动搜索技术、用户登录和手工查找等方式，然后集成相关站点的相关页面信息和数据库信息，确定检索体系以及所使用的检索语言，同时建立各种索引，如关键词索引、分类索引等，最后建立便于用户使用的人机检索界面，可使用户直接点击或浏览所要查询的主题。

（三）有效运用资源，增强高校思想政治教育的效益

1. 适用人力资源

人力资源是从事高校思想政治教育的专兼职人员。整合新媒体所提供的高校思想政治教育资源，需要有专门的队伍进行专门的研究和操作。要增强思想政治教育的效益，首要的还是必须充分发挥好人力资源的优势。

2. 善用财物资源

财物资源是构成高校思想政治教育所需要的物力和财力的各种成分的总和。高校思想政治教育的网站建设和技术维护都要依赖于具体形态的物力资源，也离不开高校思想政治教育的经费投入与支持。物力资源与财力资源一起在高校思想政治教育过程中起着一种物质基础和支撑作用。因此，必须确保资源投入的总量与实际需要相适应。

3. 巧用组织资源

新媒体时代高校思想政治教育是高校党政工作的一个重要组成部分，加强和改善校党委的领导，是做好思想政治教育的关键：需要强调的是，大学生党员应以身作则，在思想、道德、作风上自觉成为其他同学的表率。思想政治教育只有在党委的统一领导下，党、政、工、团共同努力，齐抓共管，各部门密切协作，构建一个纵横交错的思想政治教育网络，群策群力，才能使大学生的思想政治教育有声有色。

4. 活用文化资源

新媒体时代高校思想政治教育内容是思想政治教育文化资源整合的结果，没有思想政治教育文化资源就没有思想政治教育内容，思想政治教育也就无从谈起。思想政治教育文化资源越丰富，思想政治教育内容的选择性也就越广越充实。因此，我们要善于借助新媒体技术，大力开发整合思想政治教育的文化资源，为其教育内容改革提供充足来源。

（四）以校内资源为中心，优化整合校际资源

各高校的思想政治教育资源各有所长，应该在整合利用本校资源的基础上，优化整合校际资源，促进资源共享。新媒体的发展为高校思想政治教育资源共享提供了可能。首先，加强校际合作，促进教师资源共享。教师资源共享形式多样，可以互聘教师、交流思想政治教育经验、跨校选课、进行远程教育等。其次，加强校际资源共享，创造新的资源。各高校思想政治教育资源的整合主体具有各自的思想和智慧，在校际合作情况下，不仅可以整合利用本校资源，还可以利用外校资源，从而可能产生新的想法，形成新的资

源。最后，建立以中央网站为中心的高校思想政治教育网络平台。可以建立以中央网站为枢纽、各高校思想政治教育网站为支撑的网络系统，共同组成网站网络，自己作为网络的子系统，可以共享其他网站的资源，这既体现了统一性，又体现了多样性。

四、建立健全管理体制，为资源整合提供保障

（一）要整合好传统媒体与新型媒体资源

加拿大传播学者麦克·伦汉（Mike Lenham）提出："报纸是人体的延伸，广播是耳朵的延伸，电视是视力、听力的同时延伸。"以此，网络则是报纸、广播、电视等传播媒体的延伸。高校校园媒体在高校文化建设，特别是高校思想政治教育中的作用是通过它的导向性和影响力来实现的，而这种导向性和影响力又要通过校园媒体的整合和延伸来实现。因此，传统媒体作为承担校园宣传工作的首要因素当之无愧。在新媒体技术高速发展的今天，新媒体已经成为我们生活的主流媒体，它不仅对大学生的学习和生活产生重大影响，而且在高校思想政治教育中所起的作用也越来越显著。无论是传统媒体还是新型媒体，每一个媒体都有对自己的定位，即对自身传播的性质、任务、传播对象的规定。如何充分利用各个媒体的资源，充分发挥各个媒体的传播优势，以达到最佳的思想政治教育效果，是高校媒体联动和整合的主要目标。因此，我们要整合好传统媒体与新型媒体资源，通过极强的视觉吸引力和声音感染力，充分发挥两者在高校思想政治教育中的作用。

（二）要实行管理模式的变革

高校的媒体管理工作多由学校党委宣传部或共青团组织、学生工作部门以及学生社团负责，这体现出高校媒体运作中的政治把关性和操作主体的学生化倾向，学生在校园媒体中的主动权在提升，这一趋势有其存在的必要性和合理性。但在新媒体时代，文化多元、信息激增、受众兴趣和选择方式日益多样化，如果一味固守现有管理模式，势必影响到高校思想政治教育资源的进一步优化整合。因此，高校校园媒体有必要实行管理模式的变革，实质性的变革措施就是依据校内各大媒体形态已经基本完备的现实状况，组建校内媒体的综合管理协调部门，统一负责全校各种媒体的有机配合和协调运转，从而形成校内新闻宣传的整体系统合力，打破以往高校报纸、校园广播、电视或校园网络分别由多个部门分散管理、各自为战的格局。只有这样，高校媒体才有可能获得一个较有利的、有序、有效的发展空间，并依托其中，扬各自优势，避各自不足。目前，我国许多高校已在实践

探索中组建了能较好地实现上述功能的校园传媒统一管理机构"新闻中心",有了这个机构,党委宣传职能部门对媒体的管理相应转变为对媒体传播内容上的必要指导和要求,相关具体运作则交由新闻中心去实施,从而实现真正意义上的宏观舆论调控。这样,高校校园媒体传播就可以获得更多的、能遵循自身运作规律的发展空间,为其顺应时代发展争取到一个较为有利的环境。例如,将各媒体的新闻资料综合起来,由负责报纸的媒体编辑出版报纸,由负责网络的媒体发布网上新闻,由负责广播的媒体播出一些时事的新闻,由负责电视的媒体制作视频新闻。新闻中心负责新闻采写和平衡协调各媒体,新闻中心的采编人员在熟悉全面工作的前提下,具体负责某项工作,从而使媒体整合的广度和深度得以延伸。新闻中心的运作可以有效地解决稿件的综合处理、相互传递、技术手段、时间差等问题,统一策划和采访新闻、撰写通稿、编排版面,制作节目等相互配合、相互补益,使理论和实践更好地结合。即是说,整合后,新闻中心的采、编、播、制作、管理、发行等工作融于一体,成为统一的信息集散地。

(三)要建立健全运行管理的相关制度

高校校园传媒主管部门要统一制定媒体运行、管理的一系列规章制度,保证校园传媒工作的制度化和规范化,以制度建设推动思想政治教育资源整合。第一,重视队伍建设,突出专业化,通过建立人才引进制度,规定校园传媒的用人标准和选拔程序,保证通过竞争选拔专业知识牢固、专业技能扎实的新闻传播人才。第二,建立一套完整的工作制度和纪律,制定校园传媒传播工作中的具体行为规范。第三,建立培训制度,定期或不定期举办业务培训班,以提高校园传媒工作队伍的实际工作能力。第四,建立绩效考评制度,定期对校园传媒工作者的工作进行考核,对在宣传工作中表现突出的,给予奖励和表彰。最后,强化网络监控,有效引导网络舆论等基本内容,从而为高校思想政治教育资源整合提供保障。

五、加大投入,为资源整合提供支撑

加大资金投入,增加高校思想政治教育资源的总供给量。如果没有相应的资金投入,是难以取得所需要的思想政治教育资源的。一些地方思想政治教育资源储备较为丰富,但整合利用不够,其原因常常是缺乏必要的资金投入。因此,必须加大投入,以增加高校思想政治教育资源的现实供给量。随着经济的发展,国家应加大高校思想政治教育投入比例,并且要有计划地逐年增加;地方应结合本地经济发展状况和思想政治教育发展需要进行投入，制订切实可行的投入计划，保证投入到位；每个单位应根据自身思想政治教育活动开展情况来加大投入，进一步完善新媒体技术硬件建设，为高校思想政治教育资源的有效整合提供资金支撑。

第四章　高校思想政治教育观念创新

第一节　高校思想政治教育观念体系的创新

社会的不断发展和开放程度的加大，使不同人群之间的社会观念冲突越来越明显，为高校思想政治教育带来了挑战；经济水平的不断提升和社会改革的不断加深，为高校思想政治教育带来新机遇的同时，也带来了新的挑战。因此，高校思想政治教育要不断适应形势的发展，摒弃不适应社会发展规律的旧传统和旧观念，创造出适应社会现代化事业的新观念。

思想政治教育有其深厚的理论基础、紧密的内在逻辑和充分的现实依据，而在社会转型期的当前，社会结构的动荡和多元价值的碰撞给思想政治教育带来了困境，思想政治教育话语面临大众话语和流行话语的冲击，思想政治教育观念面临市场经济价值观的挑战。因此，改革创新是高校思想政治教育发展的必然途径。

一、思想政治教育创新的原则

随着"互联网"的发展，人类进入知识经济时代，新的思想观念更新和替代了工业经济时代下形成的思想观念，为新的社会发展模式提出了新的人才培养要求。我们需要针对高校思想政治教育的主体、客体和内容进行调整和变革，通过创新来解决其面临的问题，同时也要对高校思想政治教育的理论进行调整和变革，让高校思想政治教育与时俱进。

（一）知识经济时代发展需要高校思想政治教育的创新

知识经济以知识为动力进行发展，标志着人们的创造能力得到了高度发展，特别是精神创造能力得到了空前提高，其中，智力、知识、主观能动性和思想水平等的提高，不是自然就能形成的，而是通过教育和培训等措施来实现的。

思想水平的培养可以通过思想政治教育来实现，培养要求的不断提高也给思想政治教育提出了难题。尤其互联网的兴起大大提高了知识传播的速度和范围，学生获取信息的途径大大增加，高校思想政治教育难以形成往日的权威。坚持传统的权威教育模式显然是故步自封，只有创新才是高校发展思想政治教育的最佳途径。

（二）通过创新来解决高校思想政治教育面临的问题

传统高校思想政治教育工作存在诸多弊病，如，观念故步自封，缺乏实践，甚至不符合实践需求；以教育者为主体的灌输式的教育方法严重降低了学生的自主选择能力，使学生无心进行探究活动，从而使教学效果低下；教学手段单一化，思想政治教育只存在于课堂上，难以处理不断涌现的新情况和新问题；思想政治教育学科发展受阻，传统思想政治教育过分强调了政治性，局限于意识形态领域的宣传教育，忽视了学生自主性的培养。而这些问题，只有通过改革创新才能真正解决。

首先，改革创新是事物发展的主要动力。任何事物都是处于不断的新陈代谢之中，思想政治教育也不例外。改革是改造事物的结构层次和运行规律，在适应社会发展的基础上扬优弃劣；创新是创造高技术水平和高知识水平的新事物。改革与创新结合，能够去除事物的弊病，注入新动力，推动事物的前进和发展。

其次，各个学科的发展成果为思想政治工作的创新提供了理论基础。"互联网+"时代下，生产力水平得到了空前的提高，各项科学获得了广阔的发展空间。社会科学和自然科学发展至今，已经形成了相当完备和全面的理论系统，为高校思想政治教育创新提供了科学依据。与此同时，新的研究方式也为思想政治教育提供了新的研究方向。

最后，我国不断进行的高等教育改革和创新为思想政治教育创新提供了良好的环境基础。思想政治教育是高等教育重要的一环，关系到大学生的思维水平和思想道德修养。可以说，思想政治教育的创新与高等教育的创新步调一致。因此，思想政治教育工作者要把握好这个机遇，逐步完成对教育教学和思想理论的创新。

（三）坚持继承与创新相统一的原则

思想政治教育不能丢掉中国五千年来传统文化的宝贵积淀。虽然当前思想政治教育是服务于社会需要的，是从中国的实际情况出发，以培养具有高尚爱国主义情操和思想道德修养的社会主义接班人为目的，但传统文化仍是思想政治教育创新的不竭源泉。只有深深扎根于传统文化的土壤中，思想政治教育才具有长久的生命力。

文化在人类发展过程中被创造出来，是人类文明的结晶，经过时间的洗涤，具有旺盛的生命力。思想政治教育必须参考借鉴民族传统文化中的优秀部分，运用马克思主义进行批判性继承，并不断改造，促进其与时代的结合，创造出符合我国国情的文化。

在继承发扬我国传统文化的同时，还要善于借鉴世界其他各国的先进文化。西方资本主义社会发展了几百年，创造了巨大的财富和科技文化，极大地推动了人类文明的进程。我们要以海纳百川的胸怀及高瞻远瞩的目光充分吸收西方社会的优秀理念，用全人类的知识财富武装自己的大脑，推动我国思想政治教育的研究领域、研究方向和研究方法向深层次发展，增进我们的理论深度。

二、教育观念及其创新

高校思想政治教育观念的创新是改革创新的重要内容。下面主要从观念和教育观念、教育观念创新两方面进行研究。

（一）观念和教育观念

观念是指对人们所持有的事物有一定程度的认知和感知，它是人脑对于客观事物的主观反映。教育观念是在教育实践中形成的系统性客观知识。高校教育观指的是狭义上的教育观体系，是针对教育中的一些基本问题而产生的观念，主要包括教育本质观、教育价值观、教育实践观和教育质量观四部分。教育本质观提出教育的本质是将人培养成符合社会发展需要的人才，教育价值观提出教育的价值在于促进人与社会的和谐统一，教育实践观提出教育的实践要统筹兼顾，教育质量观提出教育要把人培养为具有高技术能力、高水平思维和高品质思想道德的人才。

（二）教育观念创新

时代的发展推动了教育观念的创新，体现了教育发展的必要性，同时也带来了挑战。

1.教育观念创新的概念

创新是指在特定的环境下，在原有事物的基础上，利用新的知识和技术，对原有事物进行改进的过程。创新通常要运用新的指导理论，着重强调引入新的概念与变革，创造出新的事物、构成和方法等，并对事物进行重新排列组合和挖掘提炼。它的目的是满足社会发展的需要，从中获取更大的收益和价值。

教育观念要不断根据社会的发展需要进行创新，要深刻反思现有的教育理论，重新制定人才培养的目标、方式、教育方法和内容等。教育观念的创新要在实践的基础上，不断分析和解决出现的新情况和新问题，要不断研究新的教育增长点，深化创新，通过创新突破旧的教育理念，促进教育改革和发展。

2. 教育观念创新的现实基础

（1）教育观念创新是必要的

观念的形成是一个长期的过程，从另一方面讲，社会环境具有相对的稳定性，才能形成一个观念，这就意味着观念很难在短时间内作出巨大的改变。用马克思唯物主义哲学的观点来看，观念是一定社会形态下的人类精神的产物，而社会形态是处于不断运动和变化过程中的，没有什么一成不变的事物，观念也必然不断发展和变化。随着社会的发展，生产力水平和社会结构都在变化，某些反映特定阶段的观念可能不再反映客观实际，跟不上社会发展的进度，甚至阻碍社会发展。因此，教育观念的创新迫在眉睫。

（2）教育观念创新的任务是艰巨的

一般来说，教育观念受到主观因素和客观因素的影响。主观因素是人的因素，包括个人的身心发展水平、理论素养和实践经验等；客观因素是社会因素，包括社会发展水平、传统观念及文化、国家发展战略、域外国家的影响等。

深化教育改革，全面推进素质教育不仅要培养现代化人才，还要培养具有前瞻性思维、敢于创新的教师。教育过程中，教师是实施教育的一方，是教育的最前线，教师队伍的质量直接影响着教育的质量，他们的教育观念创新是重中之重。教师队伍整体素养较高，容易接受新事物新理念，才能够成为教育观念创新的引路人。因此，教师要鼓足改革创新的勇气，站在时代的前沿，在实践中发现问题、分析问题，把握教育规律，建立起现代化的教育观念。

（3）教育观念创新具有紧迫性

当今世界的两大主题是和平与发展，而创新和可持续发展是人类发展的主题。随着知识经济时代的到来，科学技术迅猛发展，生产力不断提高，国与国之间的竞争日趋激烈，而国与国之间的竞争归根结底是人才的竞争。我国的传统教育是典型的应试教育，分数是衡量学生学习水平的唯一标准，呆板的权威式管理制度和填鸭式的灌输教学方法，极大地限制了学生自主学习能力的发展。如果这些现象不从根本上解决，就难以培养出适应社会发展的创新型人才。面对21世纪的各种变化和严峻形势，我们迫切需要进行教育观念的改革创新。

3. 教育观念创新的基本条件

创新能够推动教育主体的思想创新与重构，能够推动教育主体摒弃思维定式，达到新的理论境界。一般来说，创新是弃旧从新的过程，不仅仅是新事物的建立，还是旧事物的去除。但对待旧事物，不能全盘摒弃，因为旧事物中也有适合社会发展的部分。创新就是在对旧事物批判继承的基础之上，创造出新的符合社会发展的思维方式和技术方法。要善于从前人的智慧结晶中汲取精华，提炼出适合时代的科研成果和客观规律，最后形成科学的概念与体系。总之，创新不是完全反对传统，它们之间既存在着差异，又存在着千丝万缕的联系。

教育创新要鼓励教师对教学内容、教学方法以及教学理论进行创新，用新的教育学理论对教师进行武装，掌握教育发展的最新动向，推动精品课程传播和发展。将精品课程作为教学改革的龙头，可以带动其他课程发展，推动课程建设与课堂教育改革。大力推进"课堂内外一体化"建设，将课堂教学与课外教学结合起来，创造出集课堂教学与学习汇报、交流感悟于一体的平台，不仅能给学生创造在课堂上实践所学知识的机会，也能提高教师的职业技能。

在教学实践中，教师要加强和培养自己的教学研究意识和能力，充分考虑到不同课程之间的差异，用不同的激励方法和项目活动进行统一的学科管理与运作。

4. 教育观念创新的具体做法

教育观念创新要与教学实际密切结合，要以教学实际为出发点。只有真正了解教学的实际情况，才能把握教学的具体细节和问题，不断强化教学理论和教学内容的针对性与时效性，更好地领悟学科教学内容以及出色地驾驭教学实践活动。只有这样，才能培养出能够深刻认识学习规律，将理论与实践高度结合的高素质人才。

建设新的教育体制，包括建立新的教学机制、开拓新的学科和推进新课程的开发。教育体制要在提高教育质量和教育效果的指导下，敢于尝试，不能因循守旧，要调动教师的积极性，让他们有精力、有动力投身到教育创新中去，例如成立校董会、创办校际联合体等。课程设置要灵活多样，要在教学实际的基础上进行灵活配置，切忌墨守成规，不知变通。学科建设要多方位覆盖，适应社会发展的需要。

我们应该注重培养和提高教师的学习能力，使他们具备扎实的专业理论基础和独立研究的能力。学习技能的提高不能局限于教学设计、课堂教学、教学媒体的应用和教学研究等，还应着眼于如何培养教师开发新课程、研究新教学理论的能力。

加强教育与社会的联系。教育的本质是为社会提供优质人才，服务社会发展，教师应多与家长沟通，引导学生积极参加社会实践活动，如，开展问卷调查、宣传社区环境知识等。这些社会活动可以帮助学生了解社会环境，以便他们日后能够更好、更快地融入社会。

教育观念创新要与我国社会的改革开放步调一致。只有了解了我国改革实践的经验，才能厘清我国改革的现实基础和理论基础，才能进行适应我国社会现代化发展的教育创新。

三、高校思想政治教育观念体系创新探索

社会水平的提高促进了人才培养水平的提高，作为培养学生思想素质层面的思想政治教育，自然也有新的要求。

（一）价值观的创新

高校思想政治教育价值创新的主要目的是树立个人价值与社会价值内在统一的新价值观。在市场经济条件下，追逐利益最大化难免成为个人价值观的重要部分。从人生存发展的角度来说，物质是人维持生活的基础，也是获得其他发展的前提，个人的逐利行为无可厚非。这是当前思想政治教育工作无法回避的一点，尤其市场竞争机制充分激发出人们获取个人利益的欲望，如果仍然对物质利益避而不谈，思想政治工作不仅难以取得成果，而且还会让人感到厌烦。

在过去高度集中的计划经济体制下，个体对社会和国家绝对服从，人们丧失了个体自主性，更谈不上对物质利益的追求。在当时的社会环境下，人为地、片面地将社会价值和个人价值对立起来，强调社会价值，忽略或完全否定个人价值，导致了相当长的时期里思想政治教育只培育社会价值观的片面观点。思想政治教育功能只强调促进社会发展的功能，忽略或贬损个人发展的功能；思想政治教育只求社会发展，而不管个人发展；思想政治教育的内容只讲个人对国家和社会相关利益的服从，而不提对个人利益的保护。这一切都导致思想政治教育损害了个人的积极性与主动性，不可避免地受到人们的冷遇。

同时，随着我国市场经济制度的不断完善和经济水平的不断提高，社会中还出现了只强调个人价值而无视社会价值的问题。这种思想蔓延到高校，使得思想政治教育工作出现了只追求满足人的需要，而忽略社会要求的倾向，严重削弱了思想政治教育的影响。

从根本上说，社会和国家的集体利益是人民的根本利益。个人利益和社会利益应该是有机的融合体，不应该对立起来。因此在我国，个人与社会是辩证统一的。个人的全面发展是以社会发展的各个方面为基础的，社会和国家要为个人的全面发展提供最有利的环境，保障个人的合法权益，达到个人自由的目标，必须处在社会共同体之中。同时，个人的全面发展又能促进社会的全面发展。这就使得我们确立个人价值和社会价值内在相互统一的新价值观时，既要满足社会发展要求，也要防范片面的唯社会价值观。要按照社会发展的需要，主动服从并维护社会和国家的利益，克服片面的唯社会价值观，实现自己的价值。

（二）方法观的创新

思想政治教育方法应该是把教育者和受教育者结合起来，教育工作者应从思想政治教育方法的选择和运用入手，在教育者自身优势的充分发挥的基础之上，充分调动受教育者的积极性。

（三）主体观的创新

传统思想政治教育中，受教育者的主动性和积极性受到了严重压抑。事实上，思想政治教育的过程不仅是教育者积极筹备以及实施教育的过程，也是受教育者根据自身的认知水平和发展需要开展自我学习的过程。

（四）质量观的创新

创新思想政治教育质量观的主要目的是促进思想道德素质和科学文化素质全面发展。如果只重视科学文化而不重视思想道德素质，科学研究就会失去方向和规范，丧失人的主体性；如果只重视思想道德素质而不重视科学文化，那么培养出的人才就不能适应社会发展的需要，不能服务于我国提高生产力的要求，甚至使我国发展停滞。思想政治教育要坚持以人为本，充分发挥思想政治教育的双重功能，促进人和社会的全面发展。

第二节　高校思想政治教育观念创新的实践

高校思想政治教育在整个教育工作中占有重要的地位，它是培养学生思想道德素质的重要途径，是一项长期而系统的工作。在中国特色社会主义发展的新形势下，高校思想政治教育要与社会发展要求结合起来，摒弃旧思想，树立新思想，谋求长远发展。

一、素质培养意识的确立

随着世界全球化的加深，国与国之间的联系越来越紧密，竞争也越来越激烈。各国综合实力的竞争，从根本来讲，是国民素质的竞争，尤其人才的竞争。大学生是祖国未来的接班人，必须努力提高大学生的综合素质。因此，思想政治教育工作者应与社会各界人士联合起来，积极培养大学生的文化素质、科技素质和道德素质，让大学生树立合作意识、竞争意识，积极为社会发展做贡献。

素质教育意识的确立，是现代教育理论中的一个重要命题，也是新时期思想政治教育理论研究的创造发明。人才综合素质不仅决定了社会的发展动力，也决定了社会的文明程度。

素质分为先天素质和后天素质，先天素质在一定程度上制约着人才的综合素质，但并非是决定性的作用。人们通过后天学习和实践获取的素质，可以改善素质的先天缺陷。思想政治教育担负着培养学生后天素质的责任，致力于将学生培养为"德、智、体、美"全面发展的高素质人才。

（一）树立现代意识

以前，思想政治教育工作过分强调了政治性，给人们的印象就是关注时事政治或者熟练背诵马列主义等经典著作，并强调社会性在思想政治教育工作中的主导地位，而忽略了人们的主体发展需要。长此以往，思想政治教育被束之高阁，严重脱离实践，给学生的感觉是"高不可攀"。事实上，思想政治教育要注重培养学生的主体性，鼓励个人素质的发展，让学生树立以社会主义思想为核心的现代意识。

1. 主动意识

现阶段思想政治教育的发展应把握发展趋势，突出战略层面的主动性特征。但以往思想政治教育的效果并不理想，从根本上说，是因为工作不积极，问题难以解决。要改变这种不利局面，就必须增强思想政治教育工作者的主动意识。

首先，了解个体需要，满足个体需要。要将思想政治教育的理论与实践结合起来，根据学生思想的变化及时调整和优化工作。

其次，积极顺应形势，根据时代发展的要求，不断调整工作方式和内容，以适应国内外形势变化。

最后，因材施教。要对学生的身心发展水平和思想道德素养有一个基本的了解，根据不同对象的不同特点，针对性地采取一系列措施，以满足不同对象的需要。

2. 全民意识

思想政治教育不仅要面向大学生，更要面向全体人民，是全体人民的共同事业。中华民族伟大复兴的事业要靠人才去实现，我们需要认识到加强思想政治教育的紧迫性和必要性，让全社会的成员积极参与进来并融为一体，在全社会形成有效的管理和运行机制，实现思想政治教育与社会实践的有机共生。

3. 预测意识

思想政治教育要具备预测意识，不仅要关注当下的理论和实践，也要能够预测未来的发展趋势。一是要超前研究人民群众关注点的发展趋势，努力把思想政治教育与人民群众的需要和愿望结合起来；二是要客观准确地预测自然科学和社会科学的发展给人们思想道德建设带来的影响；三是要预测社会改革给人们带来的思想变化。只有作出科学、准确的预测，思想政治教育才能适应形势的变化，而不被时代摒弃。

4. 价值意识

在中国特色社会主义制度下，个人价值和社会价值是高度辩证统一的。社会价值是个人价值的基础，个人价值又促进社会价值的发展。

虽然当前大学生的整体素质在不断提高和完善，但仍然存在着诸多问题，甚至背离了社会现代化的发展进程，诚信缺失、不守规则、行事浮躁等问题屡见不鲜。因此强化大学生思想政治价值意识就显得格外重要，要让学生把个人价值与社会价值结合起来，真正从服务社会的角度去实现个人价值。高校可开展相关活动，组织、引导学生进行有意识、有目标的素质训练。

5. 时代意识

时代意识是指高校思想政治教育要始终把握时代的脉搏，从时代的角度全局性地掌握学生的培养目标。

（1）要树立创新意识

现代社会高强度的竞争，成为创新意识的现实土壤。思想政治教育要在马克思主义的指导下，把课堂教育与社会实践结合在一起，创造性地开展实践活动，而不应该仅仅专注于开办讲座、做研究、做解释。

思想政治教育内容要实现行为和思想的高度协调，实际和理论的密切结合。思想政治教育效果的评价，可以引入绩效评价体系，积极激发人的主观能动性，最大限度地提高人的潜能。

（2）要树立发展意识

世界上所有事物都处于不断发展变化之中，在经济全球化的大背景下，各国政治、经济和文化都处于不断的竞争和融合之中。因此，思想政治教育要顺应时代发展的潮流，努力培养适合社会发展需要的现代化人才。

（3）要树立开放意识

随着自然科学和社会科学的发展，各个学科的边界越来越模糊。思想政治教育不是闭门造车，应以开放的态度，借鉴其他学科研究成果，创建新的教育体系和教育观念。

（4）要树立多样化意识

在当前社会条件下，思想政治教育的教育者和受教育者还存在着对立和矛盾，灌输式的教育模式依然存在。只有增强受教育者的自主性、独立性和可选择性才能提高受教育者的积极性，要运用多样化的方式方法，提高教学手段的艺术性和趣味性。

（二）前瞻心态的形成

前瞻心态就是思想政治工作要"面向未来"，要激起学生对未来的美好向往，激发大学生的积极性、主动性，让学生脚踏实地地学习科学文化知识，提高思想道德修养，不断向新时期社会对人才素质的要求和标准靠拢。

前瞻意识是当前思想政治教育的一个重要方面。学生生长在不同的家庭环境和社会环境中，在身心发展水平、思维方式、思想素质和道德修养方面存在着巨大的差异，这决定了他们在对待问题的态度和处理问题的方式方法上的不同。即便处在同一个校园环境中的学生，也可能具有不同的思想状态，所以就出现了多元化的发展方向。有些学生遇到问题倾向于寻求朋友的帮助，有些倾向于寻求家长帮助，而有些倾向于在互联网上咨询。

思想政治教育工作者要正确、有效地分析和解决问题，就要考虑这种情况。如果对一些情况有具体了解，就能够超前地预测可能出现的各种状况，预先想到学生能想到的或可能会想到的各种问题并进行分析，从而及时有效地进行解决，甚至可以在问题的萌芽期就积极遏止。

（三）开放视野的扩大

在互联网时代，信息爆炸、科学技术迅猛发展，国际交流频繁，国与国之间的竞争日益激烈，如果没有国际视野，就很难跟上时代发展的潮流。思想政治工作也必须引领学生面向国际、面向世界，用国际视角看待问题。在这样一个开放的时代，西方国家的文化和价值观不断入侵，如果我们不树立本国文化的主导地位，就难以树立民族自尊心。思想政治教育工作者肩负着培养社会主义接班人的重要责任，必须将思想政治教育深深扎根于优秀传统文化，才能以从容不迫的姿态走向世界。

为了迎接时代的挑战，我们要加强对新技术、新知识、新事物的敏感度，提高创新能力，提高综合国力。还要学习西方国家的先进文化，吸收科技文化知识的精华来进行人才的培养。学习外语，提高与世界沟通的能力，在国际上展现中华民族的风采。

（四）增强人本意识

在思想政治教育工作中强调人本意识，就是强调以学生为本，是在不违背人才培养目标和教育质量的前提下，提高思想政治工作的人文意识，将学生作为工作开展的中心，把学生的思想素养和政治素养放在首位，兼顾人文精神和自主性的培养。

（五）现代观念的强化

强化现代观念是指思想政治教育要运用现代化的科学理念和技术手段，包括教学设备、教学理念、师资队伍建设水平、教育方法和教学管理制度等的现代化。

现阶段，强化现代观念是在深化历史意义的基础上，对中国特色社会主义现代化理论和实践的全面推广。强化现代观念首先要树立开放意识，无论理论上还是实践中，封闭都不能成为高校思想政治工作的一种方法，要在党的路线、方针和政策的指导下，逐步打开各种学科的大门，广泛借鉴各个学科的知识，提高高校思想政治理论的多样性和深度。其次，要加大教育费用的投入，加强师资力量和教学设备建设，提高教学效率和质量。再次，推进建设现代化的教学管理制度。最后，要转变思想政治工作的思维方式，实现工作技能的现代化。

当然，思维方式的现代化也是开展思想政治工作所必不可少的条件。人们主要以科学的思维方式理解客观世界，只有具备完备的理论思维体系，才能在思想政治工作中摸索出新的方法和途径，才能让中华民族屹立于世界民族之林。

二、注重培养创新能力

思想政治教育要注重创新能力的培养。事实上，创新是人的本性，是人的第一需要，也是最高层次的需要。只有在创造活动中，一个人才能获得真正的自由，才能成为一个真正的人。

我国传统教育过分强调集体教育，缺乏对学生自主性的培养，更谈不上培养创新能力和创业意识，这正是我国科技水平落后的主要原因。创新一方面能推动人创造能力的发展；另一方面也会对社会的进步和发展产生重大意义。

国家的创造力决定着一个国家的命运和地位。培养学生的创新能力是信息爆炸时代下的全球共识，也是提高我国综合国力的关键。我国将培养创新意识作为提高全民素质的历史任务。因此，思想政治教育工作应该着重培养大学生的创新意识、创新精神和创业意识，鼓励学生开展发明创造和自主创业等实践活动，让学生在实践活动中自觉提高自己的创新能力。还要培养学生的主体性，激发学生自主学习的能力，鼓励学生提出自己的想法和意见，并敢于坚持真理。

三、强化道德认知与道德实践

当前我们开展思想政治教育工作的目的是培养大学生的道德修养和思想品质，并付诸实践。现在的思想政治教育以灌输为主，纯理论形式进行空洞地说教，强迫所有学生接受。因此，思想政治教育开展时，一方面，要向大学生系统讲解道德真理；另一方面，要在积极正当的引导下鼓励其深入思考，得出正确的道德判断。

以往的思想政治教育忽视了社会这一最重要的切入点，学生缺少实践经验，不能领悟思想政治观点的深刻性。只有为学生创造合作环境和实践参与机会，让学生真正地参与现实生活，体验深刻的情感，把自律与他律密切结合，才能将道德理论转化为道德认知与理性选择。

目前，一些国家的道德教育已经从简单传播知识转向开展社会活动，大力培养青年知识分子的社会实践能力和道德思维能力，将教学的核心目标和中心任务确定为培养青年学生的道德判断力和认知模式。

四、思想政治教育观念创新的注意方面

一是要注意摆脱传统工业文明带来的负面影响，逐步培养大学生具备以高尚的思想道德为基础的新的生态文明意识，帮助他们树立以人为本、关爱自然的态度，达到人与自然和谐发展的新境界。

二是引导学生主动学习与思考。只有使学生掌握正确的学习方式，才能缓解甚至解决知识增长与知识接受度不足的矛盾。思想政治教育应使受教育者树立独立思考和主动学习的意识，才能适应世界的变化。

三是要注意以人为本。人是思想政治教育工作的对象，人的思维方式、心理品质修养、思想道德修养和行事方式等是高校思想政治教育工作的主要内容。我国思想政治教育应培养适合我国社会发展的社会主义现代化人才，要具有强烈的自我意识和民主意识、高水平的科学文化素养、高尚的品德、远大的志向以及正确的法治观念、创新意识和创业意识等。

第三节　高校思想政治教育质量提升研究

高校思想政治教育质量的提升，具有广泛而深刻的研究意义，它是能够促进中国特色社会主义发展、提高国民的综合素质、实现国家长治久安的基础和保障。高校思想政治教育是顺应时代发展的精神和心理的教育，必须坚持以人为本的发展理念，解放人的思想，注重人文关怀。

一、文化型思想政治教育质量提升

适时根据建设文化强国的新要求，提升大学生思想政治质量的根本要求是对大学生文化层次、文化品质与文化特性的要求，要增强思想政治教育界的文化软实力，努力探索符合国情的思想政治教育模式。

（一）对文化型的思想政治教育质量提升模式的解释

1. 文化型的高校思想政治教育的内涵

思想政治教育的特征之一就是特有的文化性，文化性是思想政治教育本身所固有的特性。广义性的文化是指人类在具体的活动过程中所获得的物质类的、精神类的财富的总和。精神生产力和精神产品是文化的一般性解释，包括自然类、技术类、科学类、人文类、艺术类等各种的意识形式。文化性是一个国家、民族、个人在长期的生产生活过程中所形成的一种习惯，这种习惯准确地说是基本的文化素质的表现。

思想政治教育包括社会生活的方方面面，它主要涉及意识形态的教育，它是某个组织为了稳固其对整个组织的统治而开展的符合本组织根本利益的教育。模式的特点是常态化、常规化。文化型也是思想政治教育的一般模式，它有异于其他模式的显著特点。高校思想政治教育的文化特性充分表现在：提高人的思想文化素质，促进人的思想水平的提高，是思想政治教育的价值选择；丰富文化内涵、凝聚文化力量是思想政治教育的功能效用；提升国民的整体文化素质，增强教育的共鸣性是思想政治教育的主体责任。思想政治教育本身属于文化范畴，因此其主要的表现形态是各种行为表现，内容必须包括意识形态、价值观、思想道德等行为，该行为的作用是增强人们的文化品位。思想政治教育提升的渠道、主体、形式也应被赋予文化的内涵和文化的形态，以适应大学生较高的文化层次和不断增强的文化需求。

提升大学生的文化品位，适时展现文化的各种形态，突出文化魅力是思想政治教育的文化性决定和赋予的，这也是提升高校思想政治教育质量的有效模式。

2. 文化型思想政治教育质量提升模式提出的必要性

社会主义文化建设的提出决定了必须把高校思想政治教育模式向文化型方向转变。改革开放以来，市场经济方面逐渐呈现繁荣的态势，坚持以市场为导向的经济改革体制使我国经济建设取得了举世瞩目的成就。与此同时，文化体制方面提出了发展文化的新口号，突破制度性障碍，解放文化生产力发展，开创文化发展繁荣新局面。在文化体制不断发展变化的过程中，我国国家领导人对社会主义文化建设方面进行了不断地探索，涉及文化的内容、本质、形式、基本发展规律等。

（二）思想政治教育质量需要文化性的提升

1. 思想政治教育质量不可缺少文化性

文化本身具有教育的功能，思想政治教育的各个方面都会受到文化的约束，比如在方式、过程和目标上。任何事物都是矛盾的集合体。任何事物本身都是一个运动发展的过程。思想政治教育本身也是主流思想与个体思想之间的矛盾集合体，思想教育的运动过程实际上是文化对个体思想的影响与改造的过程，其包含了教育的内容、教育的方式和教育的对象，这些内容都会在一定程度上被赋予文化的意义，传承着时代文化的精髓，顺应时代的变迁和发展。思想政治教育不能脱离文化而单独存在。思想政治教育的重要任务就是优化人们的价值观。文化的教育必须以价值观为导向，文化是主流意识和核心价值观的桥梁和纽带，通过文化的影响，才能把主流意识和核心价值观转化为社会成员的认知和行动。

大学生作为拥有高层次文化水平的群体，会有各种的思想问题，这些问题很多是由文化冲突引起的。人类社会也是一个矛盾体，会呈现和谐与冲突两种状态。社会开放性是社会的基本特征，文化多元性是社会发展的基本趋势，社会的大环境决定了我们的大学生会受到来自国内外不同类型、不同内容的文化的冲击，处在这样的文化环境中，大学生应该通过调整自己的思想，逐步养成完美人格。文化的冲突，既有其弊端也有其好处，它开阔了大学生的视野、提高了大学生的综合素质和能力，但同时也给大学生带来了各种各样的困惑和认知上的迷失。对于大学生来说，文化有其一定的魅力，它决定了大学生解决问题的方式也应该是高层次的，所以，如果在大学生的思想道德教育中没有文化性，那么就意味着当代高校思想政治教育工作没有做到实处，文化教育的吸引力和凝聚力会大大降低，其本身的价值也得不到体现，也就没有了文化育人的功效。

2. 思想政治教育质量内在要求文化性的回归

我国的大学生作为文化层次较高的社会群体，其本身的数量仍然非常少，纵使我国高等教育已经进入大众化的普及阶段，但与外国相比，还没有超过50%的入学率，这就造成我国后期人力资源的紧缺。思想政治教育内容的文化内涵、教师队伍的文化素养、教学方式的各个方面都应该时刻体现文化魅力和文化特征，这是提升高校思想政治教育质量的内在要求。

思想政治教育的文化性贯穿于大学生成长的各个方面。从当代中国基本经济发展方式和基本国情来看，文化已经成为民族创新力和发展力的源泉，也成为国与国之间竞争的重要因素，成为经济发展的重要支柱，也是人民精神文化要求提高的表现。文化需要创新，学校在文化创新中担当重要的责任。高等学校在引领社会思潮、凝聚社会力量方面发挥着重要的带动作用。高校思想政治教育的根本任务就是，在课堂学习中融入中国特色社会主义理论体系，顺应时代发展潮流，不断丰富新内容，探索新模式。

思想政治教育质量在空间方面的拓展要求文化性。总体上看，高校思想政治教育的整体状况是良好的，为我国社会主义的现代化提供了很多优秀的建设者和接班人，在对大学生思想和精神的培养方面起到了一定的作用，但是，如果要与时代发展和人才需求的变化相适应，高校思想政治教育在质量上还有待提高。

3. 文化型思想政治教育质量提升的根本道路

在构建文化强国的要求下，为了提升教育的质量、促进教学模式的创新，我们必须构建文化型的思想政治教育模式。创新既是实践的问题，又是理论的问题。创新型的思想政治教育模式也是文化型的教育模式。文化型的教育模式从理念到要素都体现了文化性。

一是理念指导教育。理念是行动的先导。对于企业来说，公司的领导人一般都具有极强的竞争意识和冒险精神。冒险精神和竞争意识会直接作为公司的理念转化为企业行为。先进的理念指导是构建文化型思想政治教育模式的需求，它可以体现文化的属性，展现文化魅力，最终有效地提升教育质量。

对文化的改革进行的部署，是指导我国文化发展的纲领性文件，它充分体现了党在形势判断方面的准确性，在精神文明建设方面的高度自觉性。坚持以人为本的先进理念并结合思想政治教育的基本现状，是构建文化型的思想政治教育模式的内在要求。从构建文化型的高校思想政治教育模式的视角来看，以文"化"人的内涵，主要体现在：坚持遵循教育规律，体现文化的特性，运用文化的方式，实现以文"化"人的教育。

高校思想政治教育应坚持以人为本的教育理念：在实践上，应坚持促进思想政治素质的全面发展，把政治性和文化性统一在一起；在内容上，彰显内涵、品位，增强吸引力与凝聚力；在方式上，倡导渗透性教学；在队伍建设上，提升教育者的文化素养，构建长效的文化育人新模式。

二是提高教师的综合能力。教育队伍质量的提升是思想政治教育质量提升的保证。教师素养是综合性的，具有高品质、全方位、立体化的特点。影响高校思想政治教育的客观因素就是教师的文化实力不强、魅力不足。

思想政治教育工作者必须具有一定的知识积累和求知欲望，还必须具有丰富的文化素养和良好的个人魅力，只有提高个人修养和魅力才能吸引学生追随自己，成为学生的良师益友。高校的领导组织、有关思政方面的任课老师是思想政治教育工作的主体，因此他们应是知识丰富、修养深厚、有坚定的立场和较高觉悟的人，只有这样才能充分展现政治理论成熟的魅力和文化艺术修养的魅力。

三是寓教育于无形。潜移默化地教育，使受教育者在不动声色中受到影响。隐性教育与显性教育适用的对象都是学生，只是教育方式不同，作用互补。高校思想政治教育的隐性教育是通过在大学生的具体生活中找寻富有教育意义的内容和哲理，以学生可以接受的形式和方法，来达到无意识地教育熏陶，最终影响他们三观的形成及素质的提高。隐性思想政治教育因其重要地位和作用，而越来越受到人们的重视和利用。隐性教育除了具有渗透性、间接性外，还有开放性和持续性等特点，关于文化方面的思想政治教育因为具备隐性教育的特点，所以更容易被认同和接受。

高校思想政治理论课应该在课程的设计上彰显文化品位，应坚持把政治理论课当作思想政治教育的主途径，课程的内容上应保持政治功能与文化功能处在同一水平线上，同时借鉴优秀的文化；课程的讲解过程中应该以魅力为引导，而不是一味地说教。同时，应该在大学的各个学科中都融入思想政治教育，使大学生在任何的学习阶段都能受到文化的教育，从而达到思想政治教育效果。大学的思想政治教育还可以把各种的校园文化活动作为载体，做到娱乐性和文化性相结合，使思想政治教育在活动中得以开展。

四是以文化为载体的思想政治教育方式。文化载体是指各种文化产品。以文化为载体的思想政治教育方式有利于增强吸引力和渗透力，提升思想政治教育质量。

精神是一种价值取向，它可以给人的日常活动提供指导、信念和准则。精神是无形的，大学精神文化的表现形式有办学理念、思想定位以及学风、教风等。大学生应重视大学精神文化的总结与提炼、传承和创新，形成独具特色的个性发展。

以物质文化为载体，形成高校思想政治教育的文化氛围。大学物质文化可以丰富大学生的精神世界，大学物质文化能够提高大学生的内在修养和审美水平。在大学物质文化建设中，应该重视硬件和软件相结合，做好长远规划，重视建筑风格的内涵和价值，让大学所有的"物化"对象都体现一种文化、精神和品位。

高校思想政治教育需以制度文化为正确导向。大学制度文化是一种激励环境与氛围，包括制度、准则、纪律以及组织。制度文化具有价值导向作用，大学的制度文化是建设思想政治教育的方式和途径，它与思想政治教育的目标较为一致。文化制度的建设，应该把握时代性和实行性，把社会主义核心价值观与制度内容建设有机结合。在实践中应充分发挥制度文化的隐性教育功能，提升高校思想政治教育质量。

虚拟文化是近年来深受大学生欢迎的网络文化，它具有可塑性、生动性、丰富性、灵活性的特点。高校思想政治教育工作者应该在心理上重视和接纳虚拟文化对学生思想政治教育质量的影响，紧跟时代潮流，了解科技发展新态势，把虚拟文化作为高校思想政治教育的新课题。虚拟文化的学习形式可以采取自学和培训相结合的方式，提高思想政治教育工作者的科技水平。

五是构建网络化的思想政治教育平台。人们在信息化时代可以对信息加以支配，信息可以经过人的选择、运用和创造，在量变和质变的不断发展变化中引起新思想、新知识、新科技的层出不穷。信息是一把"双刃剑"，其中包含有利信息和有害信息，丰富多彩的信息中往往也包含低级庸俗的内容，信息交流使生活方式缤纷但也造成了各种隐患。人类信息的异化是人类社会面临的崭新问题，人们所创造的信息成为了奴役和支配人类的手段，这违背了事物发展的一般规律。互联网中的负面影响，便是信息异化的表现。网络技术使信息体现着不同的意识、信仰和价值观，它被人们所浏览和利用的时候加速了信息的交流、知识的创新，推动了经济的发展，但是，信息异化也造成了很多负面影响，其中最严重的就是对大学生的三观构建方面的影响。

网络信息技术的发展，既促进大学生世界观、人生观、价值观的形成，也因信息的复杂化和多样化，使大学生面临着很多难题。信息恐慌、信息依赖、信息崇拜、信息毒害、信息犯罪是大学生信息异化的表现。信息的多样性和丰富性，使得很多大学生只是拼命地查阅资料，不注重思考的重要性，久而久之就会习惯于网络的查询，认为一切胜利都归功于掌控信息。大学的学习时期是学生正确的世界观、人生观和价值观形成的重要时期，如果长期依赖信息，没有很好的信息辨别能力，就很容易受有害信息所诱惑，进而在思想和价值观的养成方面没有了主见。

人是信息异化的主要根源。做好高校思想政治教育是防止信息异化的关键，我们要加强网络教育，充分地认识到网络信息的多样性，使学生能够科学地获取和利用信息，将信息整合、转化，转变成对自己有利的信息，促进自身的全面、可持续发展，避免信息异化带来的危害。主体意识的加强可以使学生认识其在信息化社会中的地位。人创造的信息要为人所用，人应当主动地选择和运用信息，为人的发展服务，而不是让信息改变人。大学生网络思想政治教育应把培养大学生的主体意识作为教学的主体目标，使其明白主体与客体的关系，掌握在信息社会中学习、发展和成才的主动权。

增强明辨是非的能力，使大学生在快捷享受网络信息的同时，能够有一个正确的认知态度。提高大学生的思想道德素质，必须坚持党的方针的正确领导，增加大学生的法治知识的学习，培养优良品格和高尚情操，抵制诱惑，自觉遵守有关信息与网络方面的法律制度，做遵纪守法的优秀"网民"。加强高校网络化建设，用先进文化引导校园潮流，坚决抵制腐朽的、有低级趣味的文化垃圾。高校要加强校园网络建设，净化校园上网环境，防止信息异化，构建网络思想政治教育阵地。要提高大学生信息技术水平，培养信息使用能力，用法律的强制力来约束信息活动。

二、开放式的思想政治教育质量提升

当今的社会是一个开放性与融合性相结合的社会，大学生的思想政治教育也面临着一个空前的挑战。大学生的思想政治教育关系其个人的成才成功，也关系着祖国的现代化建设，因此，大学生的思想政治教育在发展方面必须与经济和文化的发展相适应，与社会进步相协调，在观念方面，应坚持开放式的教育理念，形成开放式的教育模式，培养适应社会主义现代化建设的接班人。

（一）开放式思想政治教育质量提升模式的解释

1. 开放式的高校思想政治教育质量提升模式的含义

与传统的封闭式的教育相反的教育模式是开放性的教育，美国是最早盛行开放式思想政治教育的国家，这种教育模式现在已在世界各地传播开来。开放式的教育是以学生为中心，利用教育资源和社会环境，借助社会力量通过自由民主、和谐互动的教育方法来完成培养人的全面发展的教育。

思想政治教育的最终目的是使人们对自身和社会有一个正确的认识，它是涉及世界观、人生观和价值观的教育。开放式的思想政治教育模式就是指在开放多元的社会环境中，通过建立开放、包容的教育理念，利用各种教育资源，促进个人和社会的全面发展。

高校思想政治教育的包容性是高校思想政治教育开放性的一个重要特征。思想政治教育的开放性的具体表现是，应该做到传统与现代、隐性与显性、纵向与横向、课内与课外的教育相结合。除此之外，思想政治教育环境的复杂性与选择性、教育目标的先进性与层次性、内容的主导性与丰富性，都要求教育必须有开放性的特征。

富强、民主、文明、自由的社会主义现代化建设决定了高校思想政治教育应走民主性和自主性的路线。民主性和自主性的高校思想政治教育以发挥大学生的主体作用为前提，以建立良好的师生关系为基础，师生在和谐的环境中相互学习、共同探讨、双向互动、共同进步。在这种环境中，学生的能动性、积极性和创造性才可以充分发挥出来。自主性的学习是大学生提高自己对课程价值的整体认知，在老师的指导下和在教学目标的引导下，自由地通过目标、内容、方法的选择来完成自己学习的过程。民主性和自主性的思想政治教育是大学生课堂教育改革的重点。

开放式的思想政治教育是相对于传统的高校思想政治教育而言的，创新性的高校思想政治教育应该是开放性的、多元性的、变化性的，它是对以往东西的推陈出新，要改变内容的陈旧性、方法的落后性、成果的简单性等。当今社会全球化现象明显加强，经济飞速发展、文化交融复杂，处在大环境影响下的大学生无时无刻不受到影响，如果想在变化中生存下来，高校思想政治教育必须立足时代，放眼未来，通过创新思维方法，促进创新发展。

2. 开放式的高校思想政治教育质量提升模式提出的必要性

政治多极化、经济全球化、文化多样化的特点决定了当今的世界是开放性的世界。开放性是一个国家发展的推动力，封闭性的国家不可能在全球化的形势下得到有效的发展。纵观美国、英国、日本的历史发展状态，横观我国的发展过程，我们可以看到：开放性可以为国家获得发展的资源和信息，封闭与落后只会让国家倒退和止足不前。

思想政治教育是开放性的教育。开放是强国、富民之路，开放的姿态、思想境界、观念、方法等都是高校思想政治教育质量提升的关键。开放性的教育应该在教学过程中培养学生开放性的视野、开放性的理念、开放性的学习方法等，这也是提升高校思想政治教育质量的必然要求，是摆在高校思想政治教育工作者面前的重要课题。

（二）开放式的高校思想政治教育质量构建模式的呼求

1. 对传统教育的深刻反思

我国的高校思想政治教育在培养人才方面，为社会主义现代化建设作出了巨大贡献，但是，细究其在教育的观点、方法和内容方面，还存在着一定的片面性，总体来说是因为教育的封闭性。首先，国与国沟通与交流的不充分，致使教育的沟通也欠缺，教育视角的封闭性是因为思想不够解放，视野不够开阔，过分地强调国情和意识，国与国之间交流得少，最重要的是教师学习的机会少，不注重学习和借鉴国外的前沿信息、经验，以至于在教育的角度上与世界脱轨。其次，在教育的内容方面，过多地强调内容的社会需要和社会价值，忽视了对大学生作为社会个体的个性发展、内容效能要求的排他性，往往用只有少数先进分子才能达到的先进标准作为唯一标准去教育、要求与衡量所有大学生；对外来的思潮不加分析，过多地批判和否定，甚至视为不可接触的"洪水猛兽"；内容表现形式单一，主旋律"丰满"，多样化"骨感"，往往停留在一般性的理论分析和口号式的宣教上，不能就社会重大问题和热点问题进行深入全面、令人信服的阐释。

闭塞的高校思想政治教育，造成大学生毕业后很难适应社会的需求，他们不能经受考验和打击，往往一遇到问题，就会感到手足无措、无所适从，这是大学教育的不完善性造成的后果。我国的高等教育应该深刻分析教育体制，把开放式的高校思想政治教育作为学校培养学生的立足点，用开放式的教育方法和内容来培养学生，让学生在校园中就能接受到先进思想的熏陶，从而在后期走向社会时可以更快地接受各种观念。

2. 时代对人才的需求

世界是开放共荣的世界，文化与思想也一定是开放与共荣的。当今世界呈现出一种多样化的发展趋势，而且这种趋势日渐明显，体现在政治、经济、文化、科技的各个方面。随着国际化的发展，中国与世界各国的各种利益方面休戚相关，呈现出一荣共荣、一损俱损的状况。

意识一直被认为是支配人的一切行动的先导。国内的高等学校是大学生培养各种先进的思想和意识的基地。当前，我国的整体国情是正处于改革开放的重大发展时期，与社会的不断接轨和交流，使社会上下处在一个国内外各个方面相互交融的关键时期，其中包括各种矛盾的激化、经济发展方式和职业选择的多样化等。大学生在各种各样环境的影响下，其自身的思想认识和价值取向也呈现出复杂多变的特点。

当今世界的发展呈现出开放和包容的特点，这也是世界各国发展的大趋势。世界各国都必须顺应时代发展的潮流，找寻适合自己发展的道路。大学的思想政治教育也应该在坚持开放与包容的情况下，自觉地摸索适合本院校和学生的开放性的教育方法，使大学生在校形成开放、包容、和谐共存的理念，为毕业后走向社会和国际化的大舞台作铺垫。

（三）提升开放式的高校思想政治教育质量的根本道路

1. 培养开放式的观念

观念是一个人对事与物的看法，也是行动的先导。开放式的教育观念主要是针对当代高校思想政治教育的培养方面来说的。建立开放式的高校思想政治教育必须首先建立一套开放式的育人观念。

开放式的育人观念，首先就是应该打破传统的教育思想的禁锢，树立新的顺应时代潮流的创新型的教育理念。新的教育理念应该涉及民主、平等、公正、法制等理念。高校思想政治教育应该坚持创新型的思想理念，突破以往循规蹈矩的教育理念，以开放和创新的思想观念，顺应新的时代背景，在知识点、创新思维、创新能力、综合素质等各个方面培养学生开放性的观念。改革开放使我国的政治、经济、科技、文化各方面的发展都有了长足的进步，高校思想政治教育也应坚持走改革的道路，用开放性的眼光和思维认真对待国内和国外的教育理念，寻找一条符合中国国情的思想政治教育新模式。我国是一个民主、平等的国家，教师与学生之间应该建立一种平等友好的关系，教师亦师亦友，与学生和平友好相处，相互之间无话不谈，在这种平等交流探讨的关系下，才能提升思想政治教育质量。大学生的思想政治教育必须发挥学生的主观能动性，把发挥其个人价值作为教育的目标，培养学生的主人翁意识，把教育与学生真正统一起来。法制也是构建开放型的教育模式应该关注的，开放即是自由，但自由不是绝对的，开放式的教育模式也应该尊重法律，在法律的范围内开展。

2. 明确开放式教育的方向

任何事物的发展都有一定的方向性，方向指引着人的一切行为，具有一定的指导性。党的一切工作的出发点都有其明确的方向，党的思想政治教育工作是保持党的工作的先进性的前提。明确的教育方向也是高校思想政治教育的基本前提，方向就是动力，方向就是明灯，方向就是目标，没有了方向的船只，只是大海上的一片树叶，随波逐流。确定高校思想政治教育方向的主要依据是国家的发展战略和大学生的思想实际。高校思想政治教育模式的开放性决定了教育的方向也应该是开放的。

方向具有一定的多样性和层次性。高校思想政治教育方向同样具有层次性。大学生的思想方向必须符合党和国家的基本要求，必须符合党的政治教育的目标，同时应该满足高校思想政治教育的整体目标，既要实现共产主义的思想，又要成为德、智、体、美全面发展的人才，必须把这两个方向有机地结合起来。教育方向的多样性还包括我国的基本国情、基本的经济发展方式等客观存在。开放式的高校思想政治教育方向应该与社会的发展相适应。社会价值与个人目标的统一决定了我国高校思想政治教育方向应该是社会与个人的统一。

3. 充实的内容

实现教育目标的重要依据是意识、价值观、品德等具有思想性的东西。思想政治教育各个方面的要求主要表现在思想政治教育自身、目标的一步步实现以及对受教育者本身的要求等，它们共同体现了思想政治教育内容的逻辑性和多样性、时代感和层次感等特点。我国高校思想政治教育坚持以思想性教育为核心，培养大学生在综合学习了爱国主义的教育、创新性的思想、基本道德规范的基础上，形成自己正确的世界观、人生观和价值观。

高校思想政治教育其中重要的一个特点就是开放性，改革开放的要求决定了思想政治教育内容必须是开放的、兼容并包的。

世界是开放、兼容并包的，大学生的思想政治教育也应该顺应世界潮流，在继承和发展中国优秀文化的同时，批判地吸收、借鉴、学习世界各国的先进文化。当今世界呈现出文化交融、碰撞的特点，各种文化之间互相融合和吸收，这也就决定了大学生的思想政治教育内容也呈现出多种文化的交相呼应，所以，我们应该坚持核心的价值，在学习各种文化的时候，时刻在心中坚持主旋律的地位。高校思想政治教育的内容除了应该遵循事物发展的一般规律外，同时也应该是随机应变的，一成不变的教育内容不符合教育的本质要求。教育的内容应该是改变的、创新的、发展的各种思想和理论的融合。

4. 开放式的教育方法

高校思想政治教育的方法是对大学生进行思想政治教育所使用的一套包含了学习思想和授课方式的方法。教育的本质就是对思想的教育。授之以鱼不如授之以渔的原理就是教育的原理。具体问题具体分析这是一个普遍存在的道理，但是，大学生的思想政治教育不可能将其毕业后遇到的一切问题都一一解决，所以，在大学生的教育中，教育者应该也必须建立一套综合解决问题的方法，让大学生以后解决各种问题时都可以以此为蓝本。

大学生的大学教育应该是理论和方法相统一的教育。大学生开放式的思想政治教育也应该坚持理论和方法的统一。做任何一件事情，都应该有一定的方法，大学生在大学思想政治教育的学习中也会形成自己的一套方法；同时，在认识、创造世界的时候也会有一套自己的理论化、体系化的方法论。大学生的思想政治教育工作的重点一是应该加强思想上的理论学习；二是教给大学生具体解决问题的方法。理论与实践是有机统一的，大学生的思想政治教育应该在具体的授课过程中，积极与实践活动相结合，从根本上解决高校思想政治教育与社会脱节等问题。

5. 实现现代化的高校思想政治教育

现代化是时代发展的目标。如今现代化已经逐渐体现在社会的不同角落。大学生的思想政治教育也应该坚持转变成现代化的教育。现代化不仅包括思想的先进化，也包括制度、技术、物质、精神等方面的现代化。高校思想政治教育现代化是与社会的现代化相适应的。教育的先进化涉及教学方法的先进化、教学内容的先进化、教学思想的先进化、教学设备的先进化、教学目标的先进化等。

6. 构建和谐的师生关系

良好的师生关系是保证思想政治教育工作有序开展的关键。这里面包括地位的平等和态度的和谐。教育整个过程的有序开展需要教师和学生共同参与，师生在过程中以友好的姿态参与其中，可以为高校思想政治教育起到事半功倍的效果，这也是开放式的高校思想政治教育模式的内在要求；同时，也是当今建立和谐社会的要求。和谐是辩证唯物主义和谐观的基本观点。和谐在师生关系中的具体体现是：一方面，师生之间友好相处，互相信任和尊重，彼此学习，彼此成就，在教育这一过程中获得双方价值的体现，一步步走向自己个性和人格的完善；另一方面，和谐的师生关系强调的是学生作为一个主体的地位应受到尊重。和谐的师生关系能够为教育提供良好的空间和氛围，这样的教育空间必定会对教育产生不一样的效果。

和谐的高校思想政治教育关系也应该是互动性的，互动性教学课堂才能把思想政治教育做得更好。教师在课堂上应该做到与学生积极地互动。互动性教育应该体现在教育的方方面面，尤其课堂教学方面。教育也是人与人沟通交流的过程，其中也应该坚持用情感"化"人的方法来实现教育的目标。高等教育要求思想政治教育坚持以学生为本，教育者与被教育者双方是主导与主体的关系，也是民主、平等的关系。当今的世界是一个资源大爆炸的时代，各种各样的信息以不同的形式来影响着众人，所以，信息复杂，方式也是复杂的，因此信息的传导方式也应该是多样化的，我们应该改变以往的直线式教育，变成循环式、互动式的教育。

三、和谐型思想政治教育质量提升

和谐社会的构建是当今党、国家、人民一致追求的目标。我党在和谐社会的构建上，从思想和制度等各种层面作出了实质性的努力，各族人民在党中央和谐社会的号召下，也用实际行动践行着和谐社会的伟大目标。和谐社会的建设不仅顺应世界的大环境，同时也符合中国的国情，它在促进社会主义经济、政治、文化、科技等各方面发展的同时，也保障了社会的稳定和谐，为建立和平稳定的世界关系奠定了一定的基础。因此，以和谐的理念引领高校思想政治教育，是高校思想政治教育所要面对的首要选题。

（一）和谐型的高校思想政治教育质量提升模式

1. 和谐型高校思想政治教育模式的意义

和谐文化、和谐思想有一定的历史基础，并得到了不断发展和完善。人与人之间，国与国之间，事与事之间，和谐方能长久、共生。

和谐的文化与思想是中国社会自古至今所追求的目标，它强调的是人与人之间、人与自然之间的和谐共存。其中，人与人之间表现为很好地处理人际交往、身心发展等方面的关系。和谐的文化与思想涉及很多方面，其中包括思考的方法、心理健康、价值的选择、伦理道德和行为特征。和谐要求不同的事物之间能够形成相辅相成、相互促进、共同发展的关系。

高校思想政治教育的和谐型教育模式，有助于提升教育的质量，使整个教育的各个环节都呈现出一种和谐共存共发展的状态，具体就是通过方式的和谐化、内容的和谐化、目标的和谐化、结构的和谐化来提高大学生的思想政治教育的质量。

高校思想政治教育的和谐性体现在师生地位的平等性方面，还有就是教学内容的柔和性。平等的师生地位主要指双方之间公平和民主的沟通与交流，不以师为准则，不以生为教者，双方地位平等，要互相平等地沟通交流，运用民主性的方式来完成教育的目标。高校思想政治教育的柔和性主要表现为审美观和互动性方面。教育学也是一种对事物认识的过程，这就涉及个人的审美问题，同一事物不同的人有不一样的理解。审美水平高，对事物的想法和思考就比较完善和合理。互动性，是指教育的过程应该是师生时刻保持一种柔和的姿态，相互尊重、共同学习。除此之外，大学生的思想政治教育和谐性还有很多方面的表现，如高校思想政治教育的层次性和协调性。

2. 大学生和谐型思想政治教育提出的必要性

社会主义和谐社会涉及的方面很广，它的要求和表现方面也是全局性的、立体化的。和谐社会的构建，需要和谐型教育的辅助。和谐型的高校思想政治教育是具有时代性的教育。和谐型的高校思想政治教育的提出建立在对中国历代文化的深刻总结上，是在现代中国文化的基础上发展出来的符合中国大学生政治教学的教育。

社会主义和谐社会的建立是符合时代发展的旋律的，大学生的思想政治教育也应该不断创新、不断发展。和谐型的高校思想政治教育模式既反映了时代变革的主题，也是自身创新发展的内在要求。构建社会主义和谐社会，需要社会各界做出努力，因此，对作为祖国未来的建设者的大学生来说，加强大学生和谐思想的教育至关重要。社会主义的经济制度，决定了和谐社会不允许不公平和欺诈的现象发生；社会主义的政治制度，也要求大学生的思想政治教育要体现社会主义和谐的要求。

构建社会主义和谐社会是对中国传统和谐理念的继承与发展。和谐是社会发展和高校思想政治教育的内在要求，和谐型的高校思想政治教育是教育的本质决定的。一成不变不是教育，墨守成规不是教育，尔虞我诈更不是教育。根据我国的政治、经济、文化的现状，我国的高校思想政治教育仍然有很多不合理的地方。思想政治教育缺少目标性，没有内容，重点不突出，涉及的方面比较窄，缺少实践性，过多地强调知识的传授，而忽视了大学生主观能力的锻炼，这是教育普遍存在的现象，同样在思想政治教育中也存在，因此，必须构建和谐的思想政治教育来解决这些问题。

（二）大学生和谐型思想政治教育质量提出的呼求

1. 和谐社会的内在要求

社会主义和谐社会的建立要求和谐型的高校思想政治教育的构建和发展。社会是由人组成的，大学生作为社会中一个广泛存在的主体，其在和谐社会建设中的地位不容忽视。和谐社会的建立需要做到人与人之间、人与社会和自然之间的和谐共存，这三者之间的关系也是一个和谐共存的关系。高校思想政治教育的工作就是在具体的工作和方法上保证三者之间的和谐统一，这其中的一个主体是人，最重要的教育工作就是对人的教育。对人的教育包括：信念教育、道德教育和知识教育，通过这些教育培养符合社会发展的人才，为构建和谐社会提供人才支持。社会主义和谐社会是民主法治、公平正义、诚信友爱、充满活力、安定有序、人与自然和谐相处的社会。高校思想政治教育应紧跟时代需求，自觉构建大学生的公平、民主、法治等观念。

我国的经济正处于一个飞速发展的阶段，经济的高速发展会使社会各层次出现财富聚集不平衡的状态，各种各样的矛盾也在其中滋生，生活方式、经济利益等各种各样的关系都呈现出一个全新的势头。为了确保社会的稳定，必须加强思想政治的教育，确保社会稳定和谐发展。大学生作为一个重要群体，他们会因各方面的压力而造成心理的问题，因此，稳定社会、促进社会的和谐发展，必须加强和改进高校思想政治教育。

2. 和谐社会的新角度的要求

和谐社会的理念之一，是把人放在发展的中心。以人为本的发展理念决定了高校思想政治教育应该时刻关注人的主人翁地位，时刻满足大学生的需求和要求，保证其自身利益在发展中得到保护。大学生的思想政治教育必须时刻关注大学生的各种需求，尊重其主体地位和独立人格，通过和谐化的教育方式促进师生和谐发展，引导他们实现自身价值与社会价值的和谐统一。

（三）和谐型的高校思想政治教育质量提升的道路

1. 坚持层次性的和谐

教育是一个循序渐进的过程，思想政治教育同样也不例外。教育的目标是具有复杂性和条理性的。任何事物的目标都是有其自身的发展规律的，同时其自身的发展规律也必须适应社会的发展规律。按照教育的一般规律来说，思想政治教育的目标顺序应该分为大与小、长远与眼前、个人与社会、主要与次要等，这也体现了教育的复杂性和条理性。

思想政治教育的目标应该是一个和谐统一的过程。小的目标实现了，大的目标才能在此基础上得以实现；个人的目标实现了，社会的价值也能从个人的价值实现中体现出来；次要目标是可实现也可不实现的，主要目标必须得实现，这里又涉及主次的问题等，因此目标的实现有一定的规律和条理性。和谐型的高校思想政治教育必须遵循教育的一般规律。

高校思想政治教育的最终目标是指导大学生具体目标实现的依据和基础。这里的目标都具有和谐性的特点。目标的条理性是和谐性的关键。思想政治教育的最终目标是在符合党的基本路线的同时，实现个人的价值，包括个人价值与社会价值，用共产主义的最高理想来教育和引导大学生的思想政治教育。我国高校思想政治教育在当前阶段的重要工作包括：首先是对大学生三观的培养，这是进行一切生活和工作的核心；其次是进行爱国主义的教育，这是凝聚人心的关键；最后是对道德方面的教育，这是作为一个自然人必须遵守的规则。我国大学教育的整体目标是完成素质教育，在教育的过程中培养大学生的各种意识、思想、能力等，它是一个全面的条理性的教育。高校思想政治教育涉及教育内容的方方面面，包括理论和技术的教育、思想和实际问题。除此之外，在教学方法上，应该是"软硬兼施"，坚持教育与管理的和谐。学生工作离不开管理，管理也是教育，科学的管理就是有效的教育。

大学生的思想政治教育不是一门独立的学科，它融入各科的学习当中，这是因为各科之间都是相互融通的。同时，思想政治教育也不是简单的课堂教学，它涉及生活的任何时候。教学的管理中也可融入思想政治教育，在管理中开展教育，在教育中加强管理。思想政治教育是一个发展中的教育，它应在学习优秀传统文化的同时，加以改进创新，从而形成新的教育理念和方法。与时俱进是高校思想政治教育的品质，是高校思想政治教育的生命力所在。

2. 坚持创新性的和谐

高校思想政治教育的内容具有一定的规律性和稳定性。高校思想政治教育的目标也应该在坚持教育内容规律的情况下，对教育内容进行一定的创新，这是时代赋予的要求与责任。高校思想政治教育的创新内容应该是在遵循一般规律的基础上所进行的创新。人的世界观、人生观、价值观是一个可变的过程。高校思想政治教育的本质是与时俱进，其教育的内容应该与时代同步。高校思想政治教育内容的规律性和理论性，决定了其创新的过程不能缺少核心思想的指引，否则，无所顾忌的创新只是没有根据的创新，实用性就会大大削弱。

3. 坚持教育方式的和谐

教育的真正原理是教会学生学习的方法，而不只是知识的教授。高校思想政治教育可以通过科学的合理的理论指导，从外面传输进去，也可以让大学生发挥主观能动性去选择和确认，最终形成自己的行为理念。大学生的主观能动性应该在思想政治教育过程中得到充分的发挥，其能动性的发挥程度决定思想政治教育的效果。高校思想政治教育是双向的活动，需要教师与大学生的主体地位得到和谐发挥。教师是思想政治教育的主导人，学生是被动者，充分发挥学生的主动性，与教师的主导性应做到和谐统一，两者相辅相成。教育的内容上，主导的思想和多样化的思想是和谐统一的。教育过程中，坚持规律与特点相融合，使高校思想政治教育不偏颇。教育方法上，运用通识的方法，结合前沿的动态和意识，方便学生接受高校思想政治教育。

4. 坚持传统与现代技术的和谐

传统教育创新发展的过程应坚持和谐的发展。传统的教育方法与现代的教育方法是不能用一个制度去衡量的。大学生的思想政治教育应在传统的教育方法基础上，结合现代技术进行创新和发展。

对以往传统的技术我们不可以丢弃，可以通过创新的思维和方法对其进行改变和再创造。传统与现代技术的和谐统一需要顺应时代的潮流，结合大学生的思想关注方向，利用新的技术和方法来开展高校思想政治教育。比如，定期开展感恩大会、举行法制宣传、参加具体的活动等。传统的教育方法有其好的地方，也有其不好的地方，我们可以在此基础上去伪存真，创造新的教育方法。

大学生开展思想政治教育工作的一个有效手段是通过网络途径，进行网络化的宣传和教育。关于创新的教育管理制度，我们可以建立创新型的学分管理制度、建立符合学生自身情况的课程模式。学生社团也是其中创新思想教育的一部分。当前高校思想政治教育载体创新的工作重点是积极推进大学生思想政治网络式和社团式的教育，用先进的思想文化引导、影响、塑造大学生。

5. 坚持各类教育的和谐

课堂教学、课后实践、文化影响、网络渠道是高校思想政治教育的新途径。高校思想政治教育应该坚持发挥教学的主导作用，开展各种渠道相结合的多渠道培养模式。

课堂教学是高校思想政治教育的主导，大学生的思想政治教育应坚持课堂教学的主导，切实改革教学内容、方法，增强思想政治理论课的吸引力和说服力。高校思想政治教育的途径是多种多样的，会涉及社会、校园、网络等方面。高校思想政治教育应坚持学校、家庭和社会三方相结合，我们的教育活动是一个复杂多变的活动，三方由于地位和职能的不同，发挥的作用是不一样的，但是不能把它们分开，三者和谐统一才能有效开展思想教育活动。

第五章　高校思想政治教育的内容创新

第一节　新媒体环境下高校社会主义教育内容

高校网络思想政治教育的首要内容决定于高校思想政治教育的首要功能，即培养社会主义社会所需要的合格人才，合格人才的首要标准就是热爱社会主义。以社会主义为内容的教育，自然成为高校网络思想政治教育的重要内容。高校网络思想政治教育的社会主义教育内容，必须解决两个方面的问题：一是用什么样的社会主义教育内容教育大学生。二是这些社会主义教育内容在网络社会怎样体现。

一、高校网络社会主义教育的内容

（一）中国特色社会主义理论和实践的教育是社会主义教育的核心

中国特色社会主义理论的创立和中国特色社会主义实践的开创，实现了社会主义理论和实践发展过程的又一次伟大飞跃。这一次伟大飞跃，不仅带来中华民族的伟大复兴，而且极大地推动人类的进步事业，最终把世界社会主义运动带向新的高潮。进行中国特色社会主义教育，必须着眼于以下两个方面。

1. 中国特色社会主义探索特殊环境的教育

中国特色社会主义建设是在一种非常艰难的情况和环境下进行的。首先，经过几十年社会主义建设的曲折过程及其一些失误，使社会主义与发达资本主义国家拉大了差距，从而极大地影响和损害了社会主义的形象，极大地动摇了人们对社会主义的信心。其次，世界进入了以和平与发展为主题的时代，经济全球化、政治多极化、文化多元化等趋势明显加快。正是在这样一种极为严峻、复杂的情况和环境下，社会主义发展过程中的又一次伟大飞跃大踏步地开始了。

2. 中国特色社会主义历史地位的教育

中国特色社会主义是社会主义发展过程的第三次伟大飞跃，是一个纵向飞跃和横向飞跃相互交织、相互促进的丰富过程，正是这一特点，使第三次伟大飞跃成为社会主义发展过程中最充实、最成熟、最能体现社会主义本质、最能增强社会主义生命力、最能对人民群众产生吸引力的一次飞跃。

（1）第三次飞跃首先是纵向的飞跃

纵向的飞跃由两条主线组成，即理论上的纵向飞跃和实践上的纵向飞跃。理论上的纵向飞跃主要是指从过去被人们高度僵化了的社会主义理论向中国特色社会主义理论的飞跃。实践上的纵向飞跃主要是指过去片面、封闭、愚昧等的社会主义实践向全面、开放、创新等的社会主义实践的飞跃。

（2）第三次飞跃还是一种横向飞跃

横向飞跃包括两个过程，即理论向实践的飞跃和实践向理论的飞跃。首先，新的实践方式催生新的思维方式，新的实践经验培养新的理论观点，新的实践需求推动新的理论的产生。其次，在实践向理论飞跃的过程中，每一个重大理论观点的诞生和被掌握，都及时变成了亿万人民手中的强大思想武器，都变成了亿万群众实实在在的实践，并通过群众的理性实践不断推动着社会的进步。

（二）中国特色社会主义教育必须始终以中国共产党是建设中国特色社会主义坚强领导核心的教育为重点和前提

中国共产党的执政地位是中国人民和中国历史的必然选择。中国共产党过去是新民主主义革命和社会主义革命的中流砥柱，现在则是中国特色社会主义事业的中流砥柱。坚持党的领导，既是中国共产党本身建设的基本要求，也是中国特色社会主义事业和中国梦的必然要求。中国共产党之所以是中国特色社会主义事业的坚强领导核心，是因为：①中国共产党是科学理论武装起来的党，有着科学的世界观和方法论，重视理论的发展和创新，能够通过科学理论教育使全党和人民真正变成高度自觉的力量；②中国共产党是能真正代表中国最广大人民根本利益的党，能够为了人民的利益，去科学揭示和遵循社会发展规律，能够根据先进生产力发展要求和先进文化发展方向，建设自己，制定全面推动社会进步的路线、方针、政策；③中国共产党有着广泛的阶级基础和群众基础，能够最大限度地调动各种社会主体资源的积极性和创造性，使中国特色社会主义事业在充满生机和活力中不断开辟新的道路。

二、社会主义教育内容在网络中的特殊体现

社会主义教育是思想政治教育的重要内容，当然也是高校思想政治教育的重要内容。但社会主义教育内容在网络中面对当代大学生进行，就必须具有特殊的表现形式，即根据网络特点和网络受众的需求进行转换。我们认为，社会主义教育内容在网络中至少应当体现为三个方面。

（一）网络社会主义教育内容的理论体现方式——以理服人

社会主义是科学的理论，也是具体的实践。社会主义首先是科学的理论，而科学的理论应当通过理论教育的方式来进行。网络社会主义的理论教育方式就是指将社会主义教育内容涉及的基本观点在网络上以理论的方式传播给网络受众。当代大学生既是社会中的高素质人群，又是社会中最重要的网络受众，他们有足够的认知能力和一定的经验基础来通过理论方式接受社会主义教育。网络社会主义的理论教育具体表现为：建立专题红色网站进行社会主义理论教育，包括理论文章的浏览与下载，理论观点的讨论与交流，经典著作、文献的索引与链接等；建立专题栏目与板块进行社会主义的理论教育，只要是中国行政区域内的网络，都应当有义务在各自的网站、网页上建立专门的栏目和板块进行社会主义的理论教育，使网络受众能够在网络浏览中有机会接触到传播社会主义的一些理论观点；建立各种相关链接，使网络受众能够通过相关链接进入社会主义理论教育的界面和相关网络信息中去。

（二）网络社会主义教育内容的实践体现方式——以情动人

社会主义是科学的理论，但也是具体的实践。而具体的实践都是由具体的人物、事情、情节、时间、地点等组成的活生生的过程。社会主义的实践过程既包括革命先烈为了建立中华人民共和国而进行的艰苦卓绝的斗争历程，也包括人民群众为了建立和建设社会主义而进行的波澜壮阔的实践过程。网络社会主义教育内容的实践体现发生方式，就是将这些实践信息通过网络传播给网络受众，让它们通过实践而震撼，通过实践而共鸣，最后达到社会主义教育上的以情动人。网络社会主义教育的实践体现方式主要包括：社会主义实践历程的网络文字性传播；社会主义实践历程的网络图画性传播；社会主义实践历程的影视方式转播；社会主义实践历程的音乐方式传播等。网络的特点使它总体上不适合纯理论性的教育，但更适合实践性教育，只要让大学生网络受众置身于社会主义的实践氛围之中，它们就会在实践熏陶中接受教育。

（三）网络社会主义教育内容的参与体现方式——自我教育

网络社会主义教育内容的参与体现方式是指让大学生网络受众直接参与社会主义具体的建设过程，在具体的社会主义建设过程中自我接受教育。随着网络的发展，社会主义建设的网络方式非常多，如在电子政务、法律草案的网络征求意见，对社会重要事情、事件的讨论，对干部任免前的网上公示，对某些事项的网络投票等。大学生网络受众是社会主义建设的未来栋梁，也是当前社会主义建设的参与者，应当积极参加和参与社会主义建设的网络实践方式，如对电子政务中某些问题的质询，对法律草案的建议和意见，参与社会问题的讨论，对网上公示的关注和投票，通过这些活动，把自己直接变成社会主义的建设者、参与者，并在具体参与和建设过程中自我接受社会主义教育。

第二节　新媒体环境下高校网络道德教育内容

道德教育永远是思想政治教育的重要内容。由于道德是一个历史的社会的范畴，在当今中国进行的道德教育，必须是以服务于中国特色社会主义建设和实现伟大中国梦作为道德教育根本内容。与此同时，网络思想政治教育中的道德教育，必须包括两大组成：一是通过网络进行的具有社会普遍性的道德教育；二是网络本身的伦理道德教育。

一、积极进行网络爱国主义教育

爱国主义是社会最基本、最重要的道德规范，也是个体最基本、最重要的道德要求。由于网络是一个没有国界的世界，容易使人忘记自己的国别身份。大学生是最重要的网络受众，所以高校网络思想政治教育中道德教育必须突出爱国主义教育。

（一）爱国主义是当代大学生必须具备的道德品质和人格精神

当代大学生是中华民族未来的栋梁，是中华民族精神的承上启下的一代，是中华民族真正屹立于世界强国之林的实现者。当代大学生身上是否具备民族精神，直接关系到其身上神圣使命能否完成的关键。民族精神是一个民族在长期的生产和生活实践中形成与发展的为大多数成员所具有的内在品质、心理特征、精神风貌、价值取向和人生追求。民族精神的实质是爱国，爱国主义，始终是中国青年运动的旗帜。进行爱国主义教育的最好教材就是中华民族为实现民族振兴和人民幸福而奋斗的伟大实践。

中华民族几千年文明史是进行爱国主义教育的基本教材。它可以让大学生了解民族、理解民族、归属民族、热爱民族。几千年文明史所展现出的文明漫长性、连续性、创造性、放射性、辉煌性等，必然会激发大学生的民族认同感、民族自豪感和民族自信心。

中华民族近代史是对大学生进行爱国主义教育的重要教材。近代史，既是外国列强不断奴役中华民族的历史，也是中华民族奋起反抗捍卫民族尊严的历史。通过中华民族近代史教育，增强大学生的民族危机意识和忧患意识，培养大学生的民族使命感、责任感。

中国共产党领导人民进行社会主义革命和建设的历史是对大学生进行爱国主义教育的现实教材。从新民主主义中国到社会主义中国、从模式化的社会主义中国到中国特色社会主义中国，中国共产党领导中国人民使中华民族发生了翻天覆地的变化，使中华大地上焕发了勃勃生机。这一现实教材可以使大学生增强报效祖国的自觉性。

网络爱国主义教育首先是将爱国主义教育的上述活生生的教材展现在网络上，使网络界面、板块、链接等中具有爱国主义教育的活教材。在此前提下，网络爱国主义教育必须使大学生用爱国主义道德规范自己的网络行为，使每一个大学生的网络行为变成网络爱国行为。

（二）弘扬与培育民族精神是网络爱国主义教育的重要内容

民族精神是一个民族在长期的共同生活和共同的社会实践基础上形成和发展的，为本民族大多数成员所认同和接受的思想品格、价值取向、道德规范，是一个民族的心理特征、文化传统、思想情感等的综合反映。民族精神，不仅是一个民族告别落后、走向文明进步的强大动力，而且是维护一个民族稳定和发展的强大精神支柱。经过五千多年的历史积淀，中华民族形成了以爱国主义为核心的团结统一、爱好和平、勤劳勇敢、自强不息的伟大民族精神。

青年人是民族精神的继承与担负者，大学生网络受众，作为社会有知识的群体，更应该成为民族精神的体现者和传承者。正因为如此，网络应当成为弘扬和培育伟大民族精神的重要场所及途径。网络的多媒性、互动性等使它更有利于民族精神的传播和培育。不管是专门的红色网站，还是所有的一般网站，都应当把传播和培育民族精神作为自己的神圣使命。高校网站更应当通过多种多样的形式将伟大的民族精神转换成网络教育资源，创造出大学生网络受众只要上网就能受到民族精神熏陶和洗礼的网络环境。

二、大力开展网络伦理道德教育

随着网络的迅速发展和广泛应用，网络正在对人类产生越来越深刻地影响。大学生是最早接触和最早接受网络的群体之一，且上网人数逐年剧增。他们的思想道德素质不可避免地受到网络的影响：一方面，网络文化有助于大学生形成时代需要的某些道德素质；另一方面，网络中的不良因素又对其道德价值观产生消极影响。高校教育工作者肩负着培养具有良好道德品质的社会主义建设的高级专门人才的使命，必须对此进行分析研究，探索网络时代在校大学生的道德教育的有效措施，做到趋利避害，使网络为大学生的健康成长服务。

（一）利用网络对大学生思想道德素质发展的正面效应，积极培养当代大学生健康的网络意识和网络人格

网络社会具有开放性、自由性、虚拟性、多元性的特点，它使人们的交往突破了物理时空的限制，向人们展示了一个由多元文化构成的世界，为大学生的生活和学习提供了极大的便利和乐趣，也对参与其中的大学生形成和发展时代所需要的某些道德素质起到了积极的促进作用。

1. 独立意识

在传统的教学中，大学生的学习和生活都有教师进行较为全面的安排、指导和管理，遇到难题有教师帮助解决，这种模式容易养成学生的依赖性和被动性。而网络是基于资源共享、互惠互利的目的建立起来的，没有中心，也没有统一的管理者，网民必须"自己为自己做主""自己管理自己"，自觉地做网络的主人。在这个比现实世界更为广阔的虚拟空间中，大学生可以自主选择自己喜欢的学习内容和形式，自主决定所要访问的网站，自主接受不同的信息，主动进行分析比较。当然，他们也会遇到在传统教学中没有遇到过的问题和困难需要自己独立面对和解决，这种生存方式将大大促进大学生的独立意识的发展，对培养和提高他们独立分析、判断和解决实际问题的勇气和能力大有裨益。

2. 平等意识

网络具有参与上的平等性和交流上的平等性。在网络社会，不管一个人身处何方，身份如何，只要他能操作上网，就可以在网上发表自己的见解，平等地共享网上信息资源。网络社会的信息丰富、资源共享和自由沟通将彻底摧毁传统社会金字塔式的自上而下的交流结构，使人们能够在统一平面上，以互相平行、交互的方式从事信息的生产、交流与利

用。网络的这种无中心和平等性表明：物理空间的等级制度在网络上失去了意义，权力、阶级、阶层乃至地理位置、国家、民族的界限在网络中被打破。网络社会，没有人能享有比其他人更多的特权。每个人都可能成为网络的中心，人与人之间趋于平等。大学生在网络空间遨游，自然能受到这种弥漫在网络空间的平等意识的熏陶。

3. 民主意识

网络具有自由性。在网络中，不分尊卑贵贱，不受时空限制，不必顾虑世俗的利害冲突，每个人在利用它时都可以与对方处于完全平等的地位，可以自由地上传、发布信息，表达自己的见解，也可以自主选择信息，自由地漫游世界，从中享受到信息接收者和传播者双重身份的乐趣。网络中也不存在权威和学生的区别，不必一味被动地听从权威的命令。只要真实合理，就会得到承认和接受；如果虚假伪饰，就会受到唾弃和批判。这打破了传统媒介单向传播、权威控制的局面，必将极大地激发大学生的积极参与热情，锻炼和提升其民主意识。

4. 开放精神

在传统社会中，大学生的生活圈子局限在家庭、学校、社区等范围内，交际范围主要由同学、老师、亲友构成，"熟人社会"成为其成长的外在环境，对其个性心理特征、行为方式、道德素质的形成起着重要的影响作用，使其带有一定的地域特征。而在网络社会中，信息的传播突破了地域和时间的限制，借助于先进的电子技术手段，大学生可以接触到世界上最新的软件和资料库，学习当代最新科学技术成果，了解不同国家、不同民族的不同的价值观、风俗习惯、生活方式，结交居住在世界各地的网友，这就为大学生学习和积累社会知识提供了更为广阔的社会环境，强化了开放意识，铸就了时代所需要的开放精神。

5. 创新精神

在传统的教育中，教师是施教者，学生是受教者，教师往往是单向灌输式教育，学生处于被动地位，即使是进行道德教育、做思想工作，也往往是采用"我灌你听、我说你服、我令你行"的方式，加上中国传统文化和思维方式的影响，使学生比较习惯于服从与接受。与西方国家相比，我国学生基础知识扎实，但创新精神和创造意识较为缺乏。而在网络社会中，学生获得了更大的主动性、更多的选择性。学生可以从丰富的网络信息资源中汲取知识，完善知识结构，可以通过与众多网友的信息交流，在平等的气氛中相互学习、相互探讨，去发现问题、解决问题，这种交互式的网络思维有利于学生积极探索、大胆尝试、不断开拓。而且，网络展现的是一个开放世界，学生从中可以真切地感受到高频率的技术更新和高节奏的技术创新，从而激发其强烈的求知欲望，促进其创新意识的觉醒。

（二）针对网络对大学生思想道德素质的负面影响，不断消除大学生网络人格的扭曲因素

由于网络是一件新鲜事物，网络的特点、作用还没有被充分地了解和正确地对待；同时，在浩如烟海的网络信息中，充斥着许多不良信息，充满了诱惑，这些信息对大学生的思想道德素质会产生负面效应。

防止和克服大学生网络受众的道德人格扭曲，促进大学生网络受众人格的健康发展。置身于网络无边无际的信息海洋中，人会感到自己的渺小，这可能催人奋进，也可能使人内心充满无助和无奈，产生自卑、压抑心理。网络又是虚拟的世界，信息的传播方式表现为一种符号化的交流，在现实交往中备受关注的人的特征都能借助于虚拟技术得到充分地隐匿和篡改，人们可以任意创造自己喜欢的角色在网上从事活动，这种虚拟的身份使一些人做出了在物理空间的"熟人社会"难以做出的事情。网络还具有高度综合性、声像多维一体化和高度图像化的特点，如果过多地依赖电脑网络，脱离现实社会，会导致人的社会互动能力、思维能力、表达能力、实践能力、社交能力下降，这样，沉迷于和个人终端打交道，将大量时间耗费在网络上，把感情沉浸在网络内容中不能自拔，会使人变得心灵扭曲、行为古怪，忘却现实烦恼的同时也忘却了对现实社会的责任，最终导致道德情感冷漠和道德人格发展畸变，不利于大学生健全人格的培养和形成。

防止和克服大学生网络受众的道德价值取向紊乱，促进大学生网络受众的科学道德价值观的建立。网络是开放的、自由的空间，网上信息言论自由、传播速度快、效率高、掩护性强，且目前尚未建立或形成有效的管理机制，这使得网络空间信息良莠不齐，其中不乏反伦理的内容。由于世界各国和各地区对不良文化的认定尺度存在差异，有的对这些文化的传播还有各种制度的保证，更使其在网上四处蔓延。大学生在网上有意无意地浏览到这些不良信息，有可能会使其价值观受到腐蚀。另外，由于网络缺乏统一的普遍适用的网络道德体系，当网络把异质的思想观念、价值取向、风俗习惯、道德文化呈现在人们面前时，网上这种多元的道德价值观并存的状况就为人们提供了多种道德选择的可能，也使政府、学校甚至社会传统一直灌输的道德观念仅仅成为人们众多道德选择中的一种。由此造成的道德评价失范、道德相对主义可能导致大学生道德选择的迷惘和价值取向的紊乱。

防止和克服大学生网络受众的无政府主义和个人主义思想滋长，培育大学生网络受众的集体主义和社会秩序的道德良知。在网络中，没有一个最终的管理者，所有的人都是网络的一部分，都是自己的领导，因此，网络是一个真正"自由"、彻底"民主"的地

方，任何人都可以按照自己的思维和逻辑说任何话、做任何事，这易使网络成为滋生无政府主义的场所。而大学生由于缺乏深厚的理论根基和丰富的人生阅历，身心发展尚未完全成熟，虽然对信息的自主选择意识大大增强，但对网上信息正确辨别、判断和选择能力不足。长期接触互联网，容易被表面现象所迷惑，受网上内容所隐含的意识形态所冲击，可能会使社会学校教育中推崇的集体主义受到不同程度的消解，导致个人主义的滋生蔓延。大学生是受教育程度较高的极具现代意识的一群精英，无政府主义和个人主义对他们的思想侵蚀，会造成更大社会危害，必须引起足够的重视。

防止和克服大学生网络受众的诱发犯罪行为，培育大学生网络受众的法纪意识。由于网络社会主体的行为隐秘性强，取证困难，缺乏有力的监控机制；网络的数字化交往方式，又使主体无法直接感知自己应承担的责任，以为自己的所作所为只是敲击了几下键盘、点击了几下鼠标而已，易于引发网络犯罪。网络犯罪主体以青少年为主，且大多数是精通电脑的学生。在当前的互联网上，信息包装精巧、修饰华丽，并辅以迷人的形象、刺激的场面和离奇的情节，对青年学生有极大的诱惑力和欺骗性。有些意志薄弱者就可能在这些不良信息的暗示和诱惑下，由欣赏走向趋同，由无意识模仿走向有意识追求，以致滑向犯罪的泥潭。

（三）从"慎独"教育着手，加强大学生网络诚信教育

在网络伦理道德教育中，网络诚信教育格外重要，这不仅是因为诚信是社会，尤其是市场经济健康运行的基本，而且还因为网络社会大大地危害着诚信的建立和存在。网络行为中所表现出来的诚信问题也日益受到全社会的普遍关注，以网络为载体和手段，现实社会中的诚信问题也在虚拟的网络社会中普遍存在。当前互联网上的诚信问题概括起来主要有八种表现：把关不严，片面追求轰动猎奇，网上"假新闻"时有发生；漠视知识产权，侵权现象普遍存在；格调不高，内容低俗，不良信息危害社会；网络短信面临诚信考验；垃圾邮件泛滥，收费邮箱强卖增值服务；广告失实，在线购物、网上拍卖时有陷阱；网络游戏面对规则失信；在线电影服务质量不高。不难看出，网络的诚信问题与现实的诚信问题是密切相关的，与现实的诚信问题既有本质上的一致性又有表现方式上的独特性。

互联网作为网民获取信息的主要渠道，其公信力仅次于电视，是网民信任的第二大媒体。大学生是网络的最大消费群，网络诚信状况严重影响着大学生的诚信品质。大学生是社会最有文化、最有活力、最有抱负的群体，应该成为社会诚信、网络诚信建设的推动者、身体力行者，成为网络诚信的表率。在网络诚信教育中，要重点进行"慎独"教育。"慎独"一词，始出《中庸》："君子慎其独。"是指在无人监督、个人独处时，自己能

谨慎小心，防止违背道德的观念或不符合道德要求的言行，自觉遵守道德规范，做一个真正的道德高尚的人。"慎独"内涵极为丰富，包容着慎始、慎隐、慎微、慎言、慎欲、慎辨、慎终等具有积极意义的道德精神。在网络迅猛发展的今天，基于网络世界特殊性，借鉴传统"慎独"蕴含着的这些精神教育上网大学生，将成为一种提高大学生网络道德修养、落实大学生网络道德教育实效的新的实践方法。

1. 通过"慎始"教育，培植大学生良好的、正确的网络道德理念

慎始，即谨慎地开头，开始就要做好。道德修养必须迈好第一步，慎重第一次，抓住第一道防线，不从"一"破例。如果开始没有做好，那结果很难成功。因此，做任何事情，皆当慎其始。大学生心理不够成熟，社会经验不足，认识水平相对较低，喜欢追求新鲜、刺激和冒险。在开放的网络环境中，对网上环境的复杂性、交往特点及危险性认识不足，容易不经意冒出一些不良的念头，做出一些不符合规范的行为，甚至形成一些错误的网络道德理念，如认为网络交往无须遵守诚信和社会公德、网络黑客技术高超令人佩服等。由此，在他们一开始踏上网络征程之时，注意加强"谨慎开始"的教育是相当必要的。"谨慎开始"教育是一个基础性教育，它要求抢先于网络技术教育，这种教育的内容主要包括：一是加强网络道德知识的教育，让青年学生充分认识到网络作为第二生活和学习环境，同现实世界一样，要求所有加入者都必须具备正确的网络道德观念。我们一旦踏进网络世界的领地，就应该了解网络道德的规范内容，遵守相应的网络道德规范。在网络中不应随心所欲、为所欲为，而应注意摒除不善的想法、收敛自己可能的失范行为。二是加强"开个好头"的观念教育，努力克服任何企图违背网络道德要求的"闪念"，注意不要为不良诱惑所打动，保证自己思想上不打开缺口，行为上不留下斑渍，不迈出不道德的第一步，自觉克制产生的任何初始杂念，防止"其始小洞不补，而后大洞一尺五"的可能趋势，从而形成良好正确的网络道德认知。

2. 通过"慎微"教育，培养大学生"恶小不为"的网络道德意识

慎微，即谨慎那些看似微不足道的细枝末节，以防造成巨大的错误或损失。《太公金匮》中说："道自微而生，祸自微而成。"

实际上小与大、微与巨常常是分不开的。小者大之源，微者巨之端；没有小，就没有大，没有微，就没有巨；大因小而生，巨由微而成。水滴甚微，积之成渊；土尘甚微，累之成山；解步甚微，积以千里；小善甚微，累成大德。结合"慎微"思想教育上网青年学生，便能较好培养其"微处自律"的精神，认真做好对网络小破坏的防范工作。

教育上网青年学生不要低估"微"所蕴藏的巨大能量，自觉形成"恶小不为"的正确认知：互联网由很多局域网所构成，采用离散结构，不设置拥有最高权力的中央控制设备或机构。无论是谁，都可以在网上自由发表见解，并能即刻被世界上千千万万的人所看到，任何细小的破坏行为都能随时传遍各地，造成对整个网络的巨大影响。针对这些细节，引导青年学生自觉冲破"网络可为小恶"的认识误区，并从中走出来，就显得相当必要。

教育上网青年学生时刻谨慎自己网络行动的细枝末节，自觉防微杜渐：互联网没有中心，没有明确的国界或地区界限，缺乏有效的监控机制，人们甚至可以随意地在网上做出破坏行为。只要通过"慎微"教育，使其重视自身行为的细微之处，规范和约束自身网络行动的细节，尽量降低自己为恶的可能性，就能自觉防微杜渐。

3. 通过"慎隐"教育，引导青年学生自觉践行网络道德的规范要求

慎隐，即在隐处自律，在缺少监督、不会为人发觉可能做坏事的情况下，做到不自欺，不昧良心做坏事。这是"慎独"的最基本要求，也是恪守"慎独"的硬功夫。结合"慎隐"思想来教育上网学生，可以更好地引导他们自觉遵守和践行网络道德的规范要求。

教育青年学生准确理解网络特性，明确自觉遵守网络道德要求的根本原由：网络既然以虚拟为基本技术支撑，就具有明显的隐匿性特征。青年学生以一个"符号"为身份在网上活动，直接通过电子邮件交流思想，隐名或不隐名地在网上聊天室、网络电子公告牌上敞开心扉交谈感受，其责任感和对惩戒的担心被大大消除，网上行为变得极为"隐匿化"和"非实体化"，现实生活中的道德他律环境在网上构建不易，直面的道德舆论抨击难以进行。故而，对网络道德规范的遵守就只能依靠他们的自觉。

教育青年学生正确认识网络环境，自觉落实遵守网络道德规范的实际行动："慎隐"思想提醒人们无人境地仍有"天知地知，你知我知"。网络环境也如此，其虽具有隐匿特性，但名隐而实不隐。在人所不知的网络世界，人们必须自觉遵守网络"交通"中的规则，考虑到其他网络参与者的存在和负担，认识到作为一个自由翱翔于网络天空的用户，虽可以被允许以不露面的方式接近其他网络或者连接到网络上的计算机系统，但决不能超出每个网络或系统自己的规则和程序，网络之中一定要做好隐处的自律。

4. 通过"慎言"教育，敦促青年学生认真做好网络言论的文明诚信

慎言，即在没有约束的独处之地谨慎自己的言语，勿放纵。《易经》说："君子以慎言语。"孔子说："君子一言以为知，一言以为不知，言不可不慎也！"人们必须看人说话，谨言慎行，不轻易开口。一旦开口，则"口无戏谑之言，言必有防"，"言必有中"，说到点子上，既不失人，也不失言。否则，言语不慎，最为祸胎。互联网提供给人

们更自由表达自己思想的空间，人们身处其间完全可以轻易就一个问题发表自己的言论。于是，谣言、谩骂之语随处可见，形成大量"网络垃圾"。加强对上网青年学生的"慎言"思想教育，可以促使其认真做好网络言论的文明诚信。

教育青年学生正确认识网络言论不慎具有严重危害性：网络需要积极健康的语言环境，如果网上经常有谣言惑众，人们就会把网络视如畏途，加以排斥，整体网络用户将会锐减，导致网络经营终将难以维持。由此，我们在网上一定要注意管住自己的口，严格自律，积极履行维护网络信用的义务，不造谣、不传谣。对自己不能准确判定的事物、观点和现象，不在网上随意评论，不发表不负责任的言论，不"信口开河"地乱说一通，也不传递来路不明、是非模糊的信息。

教育青年学生准确理解网络语言的特性，自觉做网络言论文明诚信的使者：网络语言不等同于现实生活中的那种没有任何回应的单向传输性的命令语言，而是一种基于双向甚至多向传输的互动语言。在网络中，语言的作用远远大于人的作用，不是人控制语言而是人反被语言所控制；不是"我在说话"而是"话在说我"，人们在网上进行的交流、对话、沟通、理解等活动都是借助语言来"牵线搭桥"的。要体现出对他人人格的尊重，人们在网上必须自觉谨慎而言。只有这样，才能做一名言之有物、言而有信的网络文明传递者。

5. 通过"慎欲"教育，着力增进青年学生抵御网络诱惑的自控能力

慎欲，意思为慎过分之欲、不正之欲，即慎重对待各种可能违背道德、有悖良心的感性欲望。古人说："鸟栖于林，犹恐其不高，复巢于木末；鱼藏于水，犹恐其不深，复穴于窟下。然而为人所获者，皆由贪饵故也。"早已是中国一句古老而影响深远的格言，是古人对"贪欲量变不觉悟，铤而走险止不住"的深刻阐述。五彩缤纷的网络世界并非一池静水，亦非世外桃源，在其绚丽多姿的背后往往涌动汹涌的暗流。面对网络中太多的诱人"小甜饼"，不让青年学生上网，不让他们接触网络的办法是注定要失败的，唯一选择是与"慎欲"教育结合，增进其抵御网络诱惑的自控能力。

教育青年学生认识"欲"的负面效应，确立正确的动机和网络行动目的：网络中包装精美的信息随时都在诱惑上网青年学生，并可能将他们不断引入消极颓废的境地。只有通过准确认识欲望的负面效能，不断修正自己的认识过程，使正确的认识动机不断战胜非正确的认识动机，才能达到确立正确网络行动的目的。

教育青年学生自觉克制欲望冲动，逐渐磨炼抵御网络诱惑的坚强意志：青年学生自制力不够成熟，往往经不住网络信息的诱惑，对网络信息常常感到新鲜、刺激，产生兴奋和

冲动，容易陷入网络的虚拟世界，经常怀着好奇的心理去寻找一些不健康东西进行阅读，长此以往便沉迷于此，上瘾堕落。这多体现为他们意志力薄弱，缺乏坚持精神，不能自我克制，不能自律。要解决此问题，关键就是教育他们随时随地自觉克制欲望的自由冲动，增强自己的意志能力，形成坚韧不拔的道德精神。

教育青年学生理智对待欲望，培养自我控制和自我监督的能力：青年学生在光怪陆离的网络世界里遨游，有一定的欲望并不可怕，只要理性地认识欲望，不让其任意自由放纵，就能培养自己的自我控制和自我监督能力，就能在网上的西方价值观、腐朽生活方式以及黄色信息面前，自觉地抵制诱惑，免于成为"迷途的羔羊"。

6. 通过"慎辨"教育，使青年学生养成高度科学的网络理性思维

慎辨，即谨慎辨析身边事物的是非曲直。荀子说，"辨异而不过，推类而不悖，听则合文，辨则尽故""辞多类非而是，多类是而非。是非之经，不可不分，此圣人之所慎也。然则何以慎？缘物之情及人之情、以为所闻、则得之矣"。即对别人流言传闻行为的是非，不能人云亦云，轻信盲从，一定要根据自然和人事的情理谨慎辨析，弄清真相。互联网上的某些机构和个人基于某种目的故意散布错误和虚假的信息，导致网上客观存在思想政治斗争的现实，特别需要青年学生具有一种科学的网络理性思维方式，而这种思维方式是可以通过加强"慎辨"思想教育实现的。

教育青年学生学会识别网络信息，独立分析和判断网络信息：网络中的海量信息缺乏必要过滤，当人们坐在计算机前，面对由数字化处理的符号系统组成的各种网页，他所搜索和阅读的信息并不全都真实，有相当多的信息是错误的和虚假的。这便需要教育青年学生学会认知、学会辨别，分清网络信息的真、善、美与假、恶、丑，坚持用马克思主义的立场、观点和方法武装头脑，在各种知识、信息、社会思潮的相互碰撞、比较中识别优劣、准确分析，并独立对各种网络信息作出正确地判断。

教育青年学生坚定自己的认知方向，对虚假错误信息视而不见：面对互联网络，青年学生必须保持清醒的头脑，对网络信息作审慎处理，不要盲目听信网络信息，也不要分散大量精力、耗费大量时间沉溺于对网络信息的猎奇，应该在网络中侧重寻求有用信息，对垃圾信息视而不见。

教育青年学生学会网络信息选择：学校网络道德教育不光是要求学生接受几条简单的道德规范，而是培养他们的道德主体性，将学生从信息的洪水中拉上岸来，吐出呛入口内的污水，教他如何在这随时可使人遭受灭顶之灾的信息洪涛中找到自己真正所需要的那一点点东西。这样才能成熟其高度科学的网络理性思维。

7. 通过"慎终"教育，养成青年学生持之以恒的网络道德修养习惯

慎终，即谨慎对待结果，始终如一，一辈子都不做坏事，保持崇高人格风范。这是完美人格的最高体现，是恪守"慎独"的美好结局。从始到终的过程很漫长，其间会碰到很多诱惑，遇见很多挫折，赶上很多困难，如不能持之以恒，坚持不懈，一以贯之，就可能虎头蛇尾，有始无终。其实，若想饱尝成功的喜悦，享受成就的快乐，就必须永不懈怠，永远保持起始的信念、精神和道德。网络时代的社会互动被赋予了新的内涵，青年学生结缘于电脑空间，形成"比特族"或"电脑族"，并且逐渐创造出一种全新的生活方式。在我国一些大城市，几乎100%的学生都使用互联网，包括浏览新闻、使用电子邮件和游戏。甚至连一栋宿舍楼都会有自己的网站，在青年学生中间已经开始对报纸和电视产生一定程度的漠视。面对这些客观事实，结合"慎终"思想教育上网青年学生，便可时刻提醒他们保持清醒的头脑，持之以恒地进行网络道德修养。特别是随着互联网不断向前发展，上网青年学生人数不断增加，网络世界的情形会变得越来越复杂，更多的新的非道德问题和现象可能继续出现和产生，青年学生在进行重塑自我的网络道德修养实践活动时，只有紧紧跟随网络发展的整个进程，长期坚持不懈地根据网络道德提出的新要求、新情况，时时注意更新自己的网络道德需求，处处以网络道德提出的最新标准严格自律，才能持之以恒地做好自身网络道德修养，达到"从一而终""善始善终"的最高"慎独"境界。

第三节 新媒体环境下高校网络人格及心理教育内容

一、健康人格教育是网络思想政治教育的必要环节及内容

大学生素质教育是引导青年学生成长成才的重要工作，而大学生素质结构是一个多要素的系统，只有政治、文化、科技、道德和心理等素质要素的协调发展，才能取得良好的效果。大学生人格的合理建构和健康发展是实现其素质协调发展的关键所在，是培养大学生的社会责任感、创新能力和社会适应性，实现素质教育目标的基点。根据心理学原理，大学生人格处于关键的形成期，而人格的形成与环境及自我活动直接相关。当代大学生重要的生存环境是网络，重要的活动是上网。所以，通过网络，塑造科学的网络人格、网络心理就显得格外重要。

（一）人格塑造

人格塑造在大学生素质教育中的地位重要，作用突出。人格是一个多义词，不同学科从不同的研究角度给人格所下的具体定义也不同。伦理学称人格为做人的基本道德品质；心理学称人格为人的各种心理特征综合；社会学则称人格为个人行为特质的统一性和固定性的配合形式。在素质教育的一般意义上，我们理解人格是人作为合格的社会成员所具备的基本条件，包括基础的认知能力、清晰的道德意识和稳定的心理状态，简言之，人格就是做人的基本资格及其所表现出来的精神面貌。从对人格概念的理解出发，我们不难发现人格价值之所在。人格价值是对做人的基本条件和基本精神的价值判断，即人的价值观。

人格价值决定了大学生成长成才的方向、道路和目标，决定了他们能否为社会、为祖国、为人民做出贡献，或做出贡献的大小。明确了什么是人格，什么是人格价值，也就明确了人格塑造在大学生素质教育中的定位。大学生素质教育以培养大学生社会责任感、创新能力和社会适应性为主要目标，显而易见，其中每一个目标的实现都不是靠提高或强化大学生某一单方面的素质所能达到的。要实现素质教育目标必须提高大学生的全面素质，使他们素质结构中的各个要素协调发展。在人的素质结构中，起基础推动作用和协调各要素作用的就是人格。没有健全人格的支撑，人的素质结构就好比是没有根系的树木，树越高，树冠越大，越容易被风吹倒；没有人格的不断提升，人的素质发展就会出现偏向，形成素质"木桶理论"中的"短板"效应，使人们的发展空间和才智发挥受到限制。因此，大学生素质教育要以人格为基点，以"人格工程"作为基础性工程。

（二）引导健康人格的塑造，促进大学生素质教育培养

塑造大学生健康人格最根本的途径是引导和帮助大学生进行人格自我塑造。因为在人格形成和完善过程中起关键作用的是内因，通过外部所施加的影响必须转化为人的内在需要才能起作用。因此，在网络思想政治教育中，引导和推动大学生人格的健康发展是一项艰苦细致、意义深远的工作。要在肯定大学生正当、合理的物质和精神需求的基础上，坚持正确的人格方向，针对他们人格自塑中的误区，调整主导文化的内容、目标和手段，引导健康人格的塑造，促进大学生素质教育。

1. 在网络思想教育中引导大学生崇尚集体，追求道德升华

集体主义原则是社会主义道德的基本原则，是教育和引导大学生如何做人的最基本的出发点，也是帮助大学生走出"唯我"人格误区的一剂良药。大学生作为思想最活跃、最容易接受新观念的群体，随着他们主体意识的觉醒，在市场经济大潮的冲击下和自由网络

的影响下，其价值取向和价值追求出现"唯我"和"多元"是可以理解的。大学生素质教育要以重塑集体主义观念和社会主义道德理想为核心，在网络思想政治教育中，充分发挥高校"思想政治理论课"的网络教育资源主渠道、主阵地作用，引导他们正确认识国家前途与个人命运、集体利益与个人回报以及理想与现实之间的关系，明确自己的社会责任。只有从集体主义原则出发，自觉将个人价值与社会价值有机统一起来，才能克服从自我出发的利己主义的不良人格倾向，从根本上扭转大学生的人格偏差。在教育和引导过程中，要针对大学生的心理特点，研究他们的成长规律，将道德人格教育融入他们网络生活的各个方面，把一种属于个人的道德良心转换成有利于社会、有利于集体、有利于他人的精神能量，不断促进大学生道德升华。

2. 引导大学生崇尚奉献，争做时代楷模，认清奉献的真谛是无私的给予

在市场经济利益驱动和利益多元化的社会现实下，对民族功利的道德追求和对社会利益的道德认同是奉献精神的具体体现。在网络思想政治教育中引导大学生树立奉献精神，要从培养他们道义感入手。道义感是一个人根据人类社会的伦理秩序逐渐生成并不断强化的一种道德情感，是维护人的尊严的心理需要，包括自尊和尊重两个方面的情感体验。因此，既要引导大学生的自尊体验，使他们通过对高尚道德目标追求的行为选择，在高尚的道德生活中获得极大的精神满足，又要引导他们从遵从社会道德规范和满足他人的道德需要中获得愉悦的情感体验，并将两种情感体验结合起来，形成强烈的道义感。通过对大学生道义感的强化，时代功利、社会效益成为他们首位的选择，而个人功利、经济收益则居于次席，从而消除和淡化大学生的"功利"人格，走出人格自塑的误区。

3. 引导大学生崇尚智慧，追求科学真知

智慧是思维质量的表现，也是人类社会的精神能量，社会对科学的需求、对知识的期待，体现了人类正在走向知识理性与科学精神的复归。知识经济时代的到来点燃了大学生探求新知、追求真理的智慧火炬，为引导大学生的智慧人格提供了最佳时机。而网络时代又为大学生获取知识，促进智能创造了条件。我们在网络思想政治教育中，要改变"工具性"的教育观念和教育方法，不仅要通过网络传播促进大学生对自然科学、管理科学和技术知识的掌握，吸收和借鉴西方现代科学技术和文化发展的先进成果，培养他们求真求是的科学精神，而且要通过网络注重引导他们从中国传统文化中汲取智慧，学习和继承东方文化的精华，增强文化底蕴，培养他们至善至美的人文精神。一个人生活在具有优秀文化传统的社会，不等于他就有深厚的优秀文化修养。大学生要学习中华文化的精华，需要像学习科学技术那样富有钻研精神，并自觉将传统文化的智慧融入自己的生活之中。大学生

决不能满足于自己已有的专业知识和所达到的基础认知水平，要通过各种渠道扩大知识视野，刻苦钻研，按照21世纪人才的智慧标准进行自我人格塑造，掌握宽厚的自然科学、社会人文知识基础和求索知识、运用知识、创新发展、服务社会的观念与能力。大学生是民族的未来和希望，只有富于智慧的民族，才能屹立于世界民族之林。

4. 引导大学生崇尚完美，追求和谐发展

美学理论研究表明，完美永远都是相对的。大学生心目中不乏英雄人物为完美楷模，如雷锋、王杰、焦裕禄等一大批时代造就的光辉榜样。但随着市场利益导向的冲击和网络偶像的影响，他们心目中的英雄形象逐渐暗淡了，完美的价值坐标出现了错位。对此，在网络中要正确引导大学生对生活完美的渴望和追求，坚定对理想人格的信仰，确立现时代的完美价值，以促进人与自然、人与社会的和谐发展为人格追求目标，摆脱感性的盲从和物欲的诱惑，努力从自己的价值行为中提炼具有时代意义的精神素质。通过网络思想政治教育要使大学生懂得，只有顺应时代潮流，树立与社会发展要求相一致的完美目标，并朝着目标努力奋进，才能体现自身社会价值和生存意义。

二、心理教育是网络思想政治教育的重要一环

大学生作为社会急剧变化时期成长的一代，作为独生子女成长起来的一代，作为应试教育培养起来的一代，作为心理发展过程中的特殊年龄阶段，其心理素质本身就存在一些问题。这些问题在网络社会中，有些得到了消除或缓解，有些则得到了强化。因此，正确认识信息网络对大学生心理健康的消极影响，努力寻找信息网络时代大学生心理健康的教育对策，这正是网络时代教育者要思考的一个全新课题。

（一）信息网络对大学生心理健康的消极影响

1. 信息网络导致大学生思维片面发展

网络是集文字、声音、图像于一体，构成一种立体化的传播形态，并且网络信息丰富且生动形象，它在开阔大学生眼界，帮助他们了解更多的新鲜事物方面起着积极作用。但是，网络传输的突出特点是高度综合性，超越了简单文字和静态图像的局限，它能使人们思维简单化、浅形化、直观化，这对大学生思维发展，尤其对形式思维和辩证思维发展产生一定的阻碍作用。这是因为大学生在从网上获取各种信息的时候，就不再需要像在现实中那样要主动去概括、抽象、反省，努力寻求事物的本质。在这种情况下，大学生难以接收到能够挑战其思维能力的刺激，久而久之他们会倾向于注重对事物的感知，而非理性的

分析，其逻辑思维发展空间相对较为有限和局促。于是，他们往往拥有发达的形象思维能力，而想象力和逻辑思维能力却较差，对事物的认识能力肤浅化、感性化，难以把握事物的本质。同时网络信息的庞杂无序，干扰了大学生对有用信息的选择和吸收，也影响了大学生的思维向深度发展。

2. 信息网络造成大学生情感冷漠，处世态度消极化

信息网络的出现使人与人之间的交往方式发生了变革，在沟通感情方面也有其独特之处。但网络交往在"人—机—人"的相对封闭的环境里，使人们在很大程度上失去了与他人、社会直接接触的机会，容易加剧人们的自我封闭，造成人际关系的淡化，出现人际情感的逐渐萎缩和淡漠。在现实生活中，有的大学生在人际交往中遇到冷遇和挫折，不是积极地去调节、完善，而是选择了放弃，转而沉湎于网络交往中，对身边的人和事漠不关心、冷漠无情，陷入孤立疏懒、空洞贫乏的人生状态和空虚苍白的心理状态。还有的大学生与现实生活产生距离感，他们从网络走出来的时候，对不理想的社会现实感到悲观失望，消极厌世。还有的个别大学生由于在网络上与志趣相投的陌生人交流的随意性和隐匿性使自己本身成为被侵害的对象。可见，即使信息网络能够使大学生在网上与更多的人建立信息交流，但也不能代替学生最直接的生活体验，因为直接交流的方式比网上交流的方式更复杂、更有人情味。

3. 信息网络引发大学生的人格障碍

网络是一个平台，为人们的交往提供了一个开放的、自由的空间，但网络也是一个屏障，它掩盖了人们的真实面目。网络社区的人际交流是在虚拟情境之下，人们各自戴着虚拟身份面具进行的交流活动，它缺乏现实生活中人际交流的真实感和确定性，使人与人之间的关系建立在一种极其脆弱的基础上。由于网络人际交往具有匿名性特点，一些大学生在网上以为对自己的言行无须承担责任，往往在言语上非常随意，容易形成攻击性人格。还有一些大学生在网上交际时经常扮演与自己实际身份和性格特点相差悬殊甚至截然相反的虚拟角色，同时拥有多个分别代表着不同身份和性格特点的网名。因而，他们时常面临网上网下判若两人，多重角色差异和角色冲突。当多重角色之间的冲突达到一定程度或角色转换过频时，就会出现心理危机，导致双重或多重人格障碍。

4. 信息网络诱发大学生的破坏欲望

每个人都生活在现实世界的不完美，即有限性与自身欲求的无限性的冲突之中，青年大学生尤为如此。这种冲突一旦失衡，就会转化为破坏欲望。在现实世界中，这种欲望会受到道德、法律、舆论等社会规范的约束而处于"蛰伏"状态，即使冲破社会规范得以发

泄，也会因现实条件的限制而影响有限。但在信息网络这个几乎不设防的世界里，大学生"网虫"的所有言行都是通过敲击计算机键盘，向网络输送代码来实现的，他们所有的言行可以不留下任何痕迹，加上他们的自控力和责任感比较弱，大学生极有可能在网络上充分地暴露压抑在心里深层的需要和欲望，完全按照自己的意愿做自己想做的事。我们不可否认大多数青年学生进入网络的初衷是为了享受现代科技发展所带来的成果，不断完善和发展自我。但是，随着网上生活时间的增加，他们当中的一些人逐渐被网络所"异化"。他们在网上漫游，或许好奇，或许无聊，或许想证明自己，或许想发泄心中的不满，就可能冲动地走入破坏性的心理误区。

（二）信息网络时代大学生心理健康的教育对策

1.培育大学生加工、处理、整合、创造信息的能力

信息网络是一个庞大的信息库，人们既可注入、存储信息，也可从中选择有用信息，从而实现信息的传递和交换。理论上讲，网络信息存量是无穷无尽的，而且处于不断刷新与时刻变换之中，它能满足大多数人对信息的需求。因此，在网络时代，一个心理健康的人要善于随时接受新信息，承认新信息的现实性。但是，由于网络上的每个人都可以是传递信息的来源，如何判断资讯的正确性与完整性便变成一个极为迫切的问题。可以这么说，现在我们已经不必担心缺乏信息，却要担心没有时间和能力去消化那些把我们压得喘不过气来的大量信息。信息泛滥的结果，可能反而令我们无力判断真伪，以至于不知所措。就大学生而言，能否根据实际和未来的需要，正确选择、储存信息，对有关信息进行编码加工，使信息系统化、知识化，比以往任何时候都显得尤为重要，它也就成为我们评价当代大学生心理健康的一个重要标准。因此，大学教育不但应该更加注重综合化和通识化，以增强学生灵活性和适应性，而且应该充分利用网络教育资源，发挥网络优势，引导学生在注重个性发展的同时，注重培养自己主动获取和应用信息的能力、独立思维能力和创造能力，引导学生学会预测、预见、构想未来事物发展变化的方向和速度，增强学生学习的自主性与创造性。

2.培养大学生网上自我教育的能力

随着信息化的迅速发展，当代大学生所面对的信息量空前增加，由信息缺乏而导致的个人对信息很少有选择的时代已经一去不复返了，面对纷繁复杂的信息，大学生必然要独立自主地进行选择。教育活动是一种信息传递过程，现代教育已不是过去那种无选择或很少选择的消极灌输式，而是以积极摄取、自主选择为特征的主动接受模式，这种转变必然

有利于促进大学生自我教育的发展。然而，从网上来看，大学生自我教育还存在着许多问题，它严重危害并限制着自我教育的健康发展，因此，对大学生的自我教育行为必须进行积极引导和必要管理。在这方面，学校和教师所起的作用是至关重要的。具体来说，学校和教师应积极介入网络，在大学生自我教育中发挥积极引导作用。这种引导从学校来看主要是加强校园主流文化建设，确立并强化主导价值标准，引导确保校园网络文化及学生自我教育发展的正确方向；从教师来看，主要是利用网络特点，通过间接参与等手段来引导并支持学生良性自我教育活动。例如，教师可化名参加版面讨论或版面回信等，以引导学生讨论朝深入、积极方向发展，帮助大学生提高自我教育的质量。

3. 建立和完善网络社会规范，保护大学生网上心理和行为的安全

网络的发展速度是超乎想象的，传统的道德规范难以适应变化多端的新环境，会造成大量的冲突和失范。大学生是否遵循道德规范，不易觉察和监督，社会舆论、传统习惯在网络上的监督作用微乎其微。这些情况表明，要尽快建立与网络时代相吻合的道德规范，加强对大学生正确的世界观、人生观和价值观的教育和培养。同时，要建立和完善法律法规，规范和保护大学生网民的行为和权益。目前，已有一些国家对网络行为进行立法，以保护青少年不被有害信息侵犯。中国作为网络发展后起的国家，应该认真学习、借鉴其他国家在这方面的成功做法和经验，努力做到网络的法律、法规建设和网络发展同步，向大学生普及网络知识和宣传有关网络的法律、法规知识同步。

4. 加大对部分大学生网络性心理障碍调适的力度

"网络成瘾症""网络孤独症"等网络性心理障碍已经引起了国外精神病学家和临床学家的重视和研究。研究者一般认为，这是个很广的概念，涉及一系列不同的行为和冲动控制问题，它并不像传统的上瘾药物对人们的影响是生理性的，故此不能采取传统的严禁方法。对网络中的心理负面效应，我们应当采取疏导的方法，使他们养成正确的上网心态。要教会大学生保护自己的身心健康，启发他们注意正常而有规律的生活，调整精神状态，上网有节有度，时间不宜过长；要教会大学生克制自己，抵御各种诱惑；要引导大学生树立正确的网络观念，把网络作为知识的来源和学习的手段，而不是作为猎取不良信息的途径；要引导大学生具备良好的网络道德，使他们以自觉的态度进行自我监督、自我调节、自我反省、自我批评，真正做到在网络文化面前的"慎独"。对过分迷恋上网的大学生需要在心理上指导他们，例如，建议他们不要把上网作为逃避现实生活问题和消极情绪的工具，借网消愁，愁更愁；上网之前，先定目标，每次花一点儿时间想一想上网要干什么，把具体要完成的任务写在纸上；上网之前，先限定时间等。

高校应积极开发和占领网络这块阵地，使之成为大学生健康成长的一个重要的渠道。一方面利用网络的优势开展思想道德教育，直接地及时地了解大学生思想状况；另一方面，借助网络这个载体开展多种多样的文化、艺术、体育甚至游戏活动来宣传我国社会的主体网络道德观念，丰富大学生的课余生活。此外，要严把各校园网站信息的质量关，防止不健康、不可信的信息流入校园；加强现有心理咨询体系的建设，尽快进行大学生网络心理的研究；进一步做好大学生心理档案的建档工作，普及心理卫生知识，做好学生心理咨询的面谈、信件咨询、电话咨询等各项咨询服务，为大学生提供及时高效的心理支持。与此同时，开展网上心理咨询，可以从各方面入手：一是利用网络快捷、保密性好、传播面广的优势，开设网上心理咨询，如设立心理咨询网站，传播心理知识，进行网上行为训练的指导，开设在线心理咨询。二是抓好学生上网的心理、网络人际交往的心理特征、网络心理障碍、虚拟与现实的人际关系的比较等大学生网络心理问题的研究，确立一套可操作的、有效性强的网络心理障碍咨询方案。

第四节　新媒体环境下高校网络审美教育内容

按照马克思主义的观点，美育是属于最高的、具有全人类意义的培养人的活动。学校美育所追求的是教育理想的最高境界，即使人得到自由全面的发展。这对培养全面发展的高素质人才有着十分重要的意义。

一、通过网络大力进行美育的价值与价值取向的教育

要弄清美育的价值，首先要弄清美的价值及美的本质。根据马克思主义的观点，美的尺度就是人的尺度，在"美"的境界中，人的本质的确证和人的自由发展居于主导地位。也就是说，美的尺度即人的解放的尺度；人的解放的标志是人的个性和创造力全面发展的尺度。由此，美的本质是人的本质力量的最完满的展现。

人类历史就是一部人类不断解放、不断获得自由的历史。掌握美的尺度，学会创造美、欣赏美，是推动人类和个体解放和获得自由的重要力量。大学生是社会中最有知识、最有活力的群体，更应该成为人类和个体解放及不断获得自由的有力推动者和实现者。从价值观的角度来看，美就是真、善统一的主体自由的最高价值。因此，美育的价值与其他价值的不同就在于，它既直接表现个人自身在自由自觉的活动中塑造个性，帮助人形成自

我超越的能力，实现育"美的人"的目的，又要把对美的鉴赏和创造作为人类一种创造客观世界和完善自身的价值定向，用以追求教育的理想。这样，学校美育的价值取向应是：以美育人、育"美的人"（或完美的人），而不能只停留在培养审美能力或审美的人这一工具层次。

美育固然要培养学生的审美能力，这是"美的人"必备的基本条件。但具有审美能力的人和"美的人"存在着质的区别。审美的人，在一定意义上可能视为具有某种或某些感受美、鉴赏美等方面的技能、专长，或具有较高的审美能力的人。美育的价值取向定位于培养审美的人，那么，美育仅仅被理解为一种知识、技能的学习活动。而"美的人"则是"人的本质力量的最完满的展现"的人。美育所面对的必须是对人的生命存在及其发展的整体关怀。是培养审美的人，还是培养"美的人"，这两种不同的价值取向，源于对美是目的还是手段这一根本问题的认识。

200多年前，德国哲学家席勒（Schiller）已经朦胧地意识到美既是目的，又是手段的辩证关系。随后，马克思又有了伟大超越。应该说，我们有充分的理由对高校美育的价值进行马克思主义的定位。令我们汗颜的是，在实践中，我们一直把美育定位于工具性价值，将其仅仅看作手段。这种价值取向的偏失，使高校美育长期在表面化、简单化层面徘徊，误认为简单设立一些艺术选修课，就是进行了美育，或者就是美育课。其实有些所谓的美育，就是连艺术教育也算不上的"扫盲"训练。美育在理论上属于美学，在实践上属于教育。但美育不同于美学教育，也不同于一般教育。因为无论美学教育，还是一般教育，都是以传授知识，掌握技能，提高认识为目的。而美育则不同，王国维认为，"实现艺术的人生是美育唯一的目的"。蔡元培以陶冶感情为美育的目的。美育是帮助人类及个体实现对自身未来真、善、美的展现，它指导对人生及生活意义的正确理解，因而是价值性的。

美育的目的是对人性最高层次的追求，是人的生命价值的最高理想境界，即标志着人与自然、人与社会、人与自我的辩证统一，体现着人以全面、科学与合理的方式实现对人自身本质的全面占有。正基于此，美育的价值是"美"的工具性价值与目的性价值的辩证统一。这就是说，人的全面发展及全面发展教育（各育）只有借助美及美育才能得到实现，这是作为工具或手段的价值。而现代意义上的人的全面发展不仅仅指德、智、体等方面的发展，更包括人的个性、创造力等方面的自由发展，这就要使美育的价值取向定位于对人的本性的终极关怀，所以，美育的目的是培养"美的人"。美育之所以能使人趋近人的生命价值的最高理想境界，是由美的本质和美的价值所决定的。美育是以美育人，即在对美的本质准确把握前提下的真正意义的美育。为此，需要清楚地认识到：现代学校美育不等同于审美教育。审美教育是美育的一个方面，审美活动是美育的基本活动；审美教育并非艺术教育，更不等于音、体、美教学。

培养学生具有感受美、鉴赏美、表达美的能力是美育的任务，而不是美育的目的。美育不是要人们沉溺于与现实人生无关无涉的玄学思辨之中，而是要通过美的审美帮助学生认识客观世界，认识人的创造能力，进而认识现实社会的人的本质力量，更加自觉地按照美的规律去改造我们的生活，改造我们的世界。以美育人，育"美的人"将成为21世纪教育的主旋律与价值追求。美育一旦冲出误区，就能肩负着这样的使命：既是现实的育人实践，又是人类最高教育理想的追求。这时，美育也就从其他各育中"脱颖而出"，上升为高层次的育人活动。美育应是每一个现代教育工作者的必担之责和自觉行为。

二、通过网络进行美育与大学生成才密切相关的教育

全面发展的人才是高等教育人才培养的目标，大学生应当成为全面发展的人才。美育不仅是全面发展人才的重要内容和基本标准之一，而且对其他方面的发展有着非常重要的促进作用。

（一）美育有助于大学生知识结构的完善

未来的人才更需要具有民主法制观念，具有崇高的人格和道德观念、宽厚的自然科学、人文社会科学知识基础和自主求索知识、运用知识、创新发展、服务社会的观念和能力。显然，如果用这样的标准来衡量人才，只具有高超的专业知识是行不通的。培根（Baconic）说："历史能使人聪慧，诗歌能使人灵秀，数学能使人精细，自然科学能使人深沉，伦理学能使人庄重，逻辑学和修辞学能使人善辩。"而加强美育就有助于大学生构建完整的知识结构，使学生成为全面发展的人。美育对大学生来说，可以增强精神性格的陶冶，有助于培养大学生的科学创造力、形象思维能力、逻辑思维能力、语言文字能力、交流表达能力、强化记忆能力、增强心理素质，从而使学生开阔视野、活跃思路、触类旁通、激发灵感、突破传统等，更好地完善自己的知识结构。

（二）美育有助于大学生人文精神的提升

人文精神是人的存在的意义和价值的最高展现，它以对生命的意义和对人生价值的理解为前提，以追求真、善、美等崇高价值理想为核心，以人自身的全面发展为终极目的，

它是整个人类文化所体现的最根本的精神，是人类文化生活的内在灵魂。西方大学在推行通识教育的时候，就注重人文精神的熏陶，强化人文社会科学在高等教育中的作用，倡导人与自然、人文与科技的和谐发展，进而弥补和解决科技进步与人文精神分离、对立的问题，培养出既有科学素养，又有丰富的人文精神的人才。同样，中国也有一句话，叫作教书育人。简单的四个字阐明了这样的道理：教书是手段，育人是根本。而人之所以成为人，靠的不是他的躯体，而是他的思想和灵魂。只有素质高的人，才会思考人类社会、自然、他人和自身的问题，才可能理解什么是真、善、美，什么是假、恶、丑，才可能与他人融洽地相处，才可能以一种社会可以接受的方式实现自己的目的。

从大学生择业情况来看，大学生择业出现的个人利益当前，社会责任感不强，是一个值得引起关注的问题。另外，在现实生活中，有的大学生不注重道德建设，做出了一些与大学生本身不相称的事情，反映了人文精神的低下。因此，加强人文教育，并使人文知识升华为人文精神，积淀为相对稳定的思想品质结构，在今天显得尤为重要。从内容上讲，美育是人文教育的一个重要组成部分；从形式上讲，美育是人文教育的重要载体，以美载德，以美启智，以美健体，以美导劳，增强人文教育的实效性。

（三）美育有助于大学生健康人格的形成

近年来，大学生心理障碍问题高居不下，这些病态或近于病态的人格，使有的人不再去寻找超越于现实利益的生活意义、理想、信仰与终极关怀，不再去思索那些具有永恒意义的价值。作为正在接受高等教育的大学生，有的人甚至偏离了追求理想、信念的轨道。因此，他们急需在市场经济的不确定性中，学会避开使人生活表层化、实利化、短暂化的东西，学会自我心理调适以及了解心理健康知识，更好地运用转移，宣泄等方式方法解脱心灵的空虚、孤独，不再成为物质上的巨子、精神上的侏儒。而要做到这一点的有效途径就是加强美育，让他们更多地去占有、掌握人类历史所积累的文明成果，因为人类历史所积累的文明成果中展示出的人性具有十分丰富的内容，它内在地包含在科学、艺术、哲学、语言等众多的领域之中，为陶冶完美人格之所必须。因此，对作为直接表现人的精神世界和精神力量，对发展人的心灵起关键作用的美育，必须予以高度重视，通过美育，升华形成大学生和谐、健康的人格。使其不仅具有崇高的道德理想，而且能正确地处理好个人与社会、个人与集体、个人与他人的关系，并勇于承担对社会、对国家、对他人的道德义务，表现出强烈的自尊、自爱、自强、自律等特征，这也是大学生成才的一个显著的标志。

三、网络是进行大学生美育的新途径

大学生既是网络的最大受众，又是美育的主要对象，利用网络进行美育就成为网络思想政治教育的重要内容：①网络应当引导大学生对美的境界的追求：培养大学生对至真、至善、至美境界的认同和追求。美的一个基本特征就是超功利性。淡泊名利、宁静致远是欣赏美、创造美的基本人格要求。大学生功利思想十分严重，行为的短期性、功利性十分明显，这对他们人格的完善和境界的提高十分不利。②网络应当激发和培养大学生与自然、与社会、与他人和谐相处、心灵相通的意识及能力。"美是和谐"，在古今中外普遍认同。和谐首先是内容的和谐、精神的和谐、心灵的和谐。对待万物要从善如水，切莫人为制造矛盾、挑起事端、破坏和谐。大学生应当首先成为社会中和谐的音符。③网络应当成为大学生欣赏美创造美的主要领域和场所：网络特性使它能够及时地、跨时空地展现美的对象，网络要利用自己的优势，使大学生接触网络就如同接触美的世界、进入网络就如同进入美的世界。与此同时，网络应利用自身互动性参与性的特点，为大学生创造美提供机会和空间。④网络浏览器本身应当成为美的展示：色彩、图形、声音、线条、构图等应当遵循美的原则，使其成为一个永恒的流动地树立在浏览者面前的美的事物，使大学生浏览者在浏览过程中潜移默化地接受美的熏陶。⑤网络消费场所应当成为使人精神愉悦、心神通达的"美的"天地，成为大学生这一网络受众接受美的教育的导入口等。总之，网络世界应该成为美的世界，成为美育的课堂，成为大学生欣赏美、创造美的舞台。

第六章 高校思想政治理论课教学过程优化创新

第一节 高校思想政治理论课教学目标优化创新

一、思想政治理论课知识目标的教育功能

把思想政治理论课的世界观、人生观、价值观教育和思想政治教育放在一个重要位置，突出思想政治理论课的思想性，这是时代发展的需要，也是人的全面发展的需要。但是改进的地方有时也是过犹不及的地方，由于我们在价值取向上突出了思想政治理论课的思想性，而在思想政治理论课的学科内容体系和方法论上忽视了马克思主义理论教育和思想政治教育的学科知识性，思想政治理论课教育教学变得重视理论灌输和说教，而缺乏马克思主义理论的科学说服力和真理穿透力，学生的主体性受到忽视，或多或少地影响或者削弱了思想政治理论课的教育教学效果。如，有人在反对"智育化"的马克思主义理论教育和思想政治教育的同时，片面强调马克思主义理论教育和思想政治教育要在引导、培养、考察教育对象的思想意识、实际行动与能力上下功夫，而忽视了马克思主义理论教育和思想政治教育的知识教育价值，从而在实际做法中将马克思主义理论教育和思想政治教育与知识教育、信仰教育人为地割裂开来；还有人在加强和改进高校思想政治教育包括思想政治理论课教育教学实效性的过程中，片面强调思想政治教育、政治理论课教育教学要增强科学含量、提高学科化程度，而忽视了思想政治教育、政治理论课教育教学本身的内在规律性与价值指向性，同时也忽视了知识教育的思想教育价值。这些认识和做法，客观上自觉不自觉地分割了思想政治理论课的知识教育和信仰教育的有机统一，也影响了高校思想政治教育的有效开展。

思想政治理论课教育教学之所以首先是知识教育，一是因为知识教育是思想政治教育

不可缺少的环节与载体。思想政治教育内含三种教育活动过程：思想教育、政治教育、道德教育，而这三个教育过程都是以知识为前提的：思想教育的逻辑路径是以宣传、讲解作为问题存在的"知"为起点；政治教育的本质是引导教育对象对自身以及自己所从属的团体的利益的感知或认识；道德教育的关键意义是对个体道德认知的提升。可见，思想政治教育与知识教育之间存在着密切关系，正是以知识教育为基本形式、基本载体，思想政治教育活动才能够获得自己最丰富、最深刻的实践形态。从另一方面来看，思想政治教育只有充分结合人类科学技术发展的最新成果和知识来进行，才能提高教育教学的吸引力。思想政治理论课是一门严谨的学科，同时也是一门语言艺术。成功的思想政治教育活动宛如使人处于一定的艺术氛围中，并给人一种艺术的享受。在这种艺术氛围中，语言艺术占有重要的地位。语言作为人类特有的一种意识，自古以来就是知识传播的重要途径。在网络社会高度发展的今天，需要思想政治理论课教师深入了解当代大学生的语言特点和需求，积极构建课程讲授中的大众化语言方式，通过紧密联系时代特征与中国国情，将马克思主义理论转变为学生乐于接受的内容，进而提高教学的针对性和有效性。

二是因为马克思主义理论本身是科学的，是建立在人类丰富的知识基础之上的。马克思主义作为指导无产阶级实现人类最美好的共产主义的学说，其本身就是科学认识和科学信仰的统一。马克思主义并不是凭空产生的，从思维方式的角度讲，在马克思主义产生之前，人类思维领域一个最基本的矛盾就是理性和信仰的矛盾，人类总是用自己拥有的理性世界去规范、去把握信仰世界。这个矛盾，自人类具有自我意识时就开始了。马克思主义是科学的理论，马克思的立足点是现实的人和人类社会。他从人类生产劳动这一基本事实出发探究人类社会产生和发展的奥秘。为此，他搜集了无数的从人类社会远古时代到他那个时代的历史文献和资料。他的涉猎面之广几乎是无人可比的。在一生的研究工作中，他阅读了大量的哲学、政治学、经济学、社会学、历史、法学、文学、地理学、人类学、考古学、数学、物理、化学等领域的文献和资料，光是马克思的历史学笔记就有几百万字，而《资本论》的原始手稿就有10卷本之多。正是从人类社会的基本事实出发，马克思遵循逻辑统一于历史的原则，运用抽象到具体的方法揭示出了人类社会的发展规律。可见，马克思主义理论充满着知识和智慧的光芒，在马克思主义理论教育和思想政治教育过程中，可以而且也应当挖掘和利用马克思主义理论的科学理性光芒，增强马克思主义信仰的说服力和感召力。

高校思想政治理论课担负着对当代大学生进行系统的马克思主义理论教育、用发展着的马克思主义武装学生头脑的任务。大学生是国家和民族的宝贵人才，高校思想政治理论课的教学效果如何，关系到能否培养出大批社会主义事业的合格建设者和可靠接班人，关系到党的事业能否后继有人，国家能否长治久安，中华民族伟大复兴的目标能否实现。从这个定位来看，高校思想政治理论课对提高大学生的思想政治素质，促进大学生全面发展发挥着非常重要的作用，这是其他任何课程所无法比拟和取代的。

要发挥思想政治理论课的地位和作用，加强思想政治理论课的教学效果，首先不是取舍教学内容、通悉教材教法的问题，而是明确思想政治理论课到底是什么教育的问题。只有首先明确思想政治理论课是什么教育，才可能正确地展开教育。思想政治理论课是其他任何课程所无法比拟和取代的，这说明了思想政治理论课的独特性，有一种个性，而个性是寓于共性之中的，个性只是一事物区分另一事物的属性和标志，共性才是决定事物产生的依据。那么思想政治理论课的共性究竟是什么呢？显然，这个共性的探寻不是静止的求异过程，而是发展的求同过程。既然思想政治理论课是作为一门课程设置而存在的，它理所当然地与其他课程有共同的作用机制，这就构成了探寻思想政治理论课共性的突破口。从作用机制上看，思想政治理论课与其他课程一样，首先应该是知识教育，因为任何一门学科都是人类知识的结晶和总结，课程是以知识形式呈现的；从人自身来看，人成长成才首先也是以概念的形式去掌握的，试想一个人一出生就知道了什么是善什么是恶，就确立了共产主义信仰而决意奋斗终身，那该是何等可怕的一件事。

从教育教学的发生学意义上讲，思想政治理论课首先是一种知识教育，知识教育是思想政治理论课的原生形态。因为思想政治理论课是完成对人的思想武装、提高其思想认识态度和觉悟的人类教育活动，这个过程的实现是以人的知识底蕴和知识视野为基础和平台的。一个事先毫无知识存量和根本不具备知识头脑的人是不可能自觉完成这个转变的，否则是一种盲从。只有在一个人具备了必要的知识视野和知识底蕴，并且具备了运用一定知识视野和知识底蕴去理解、解释周遭事物的能力后，他才能完成向符合特定社会要求的思想道德修养水平的转变，从而把思想觉悟统一到社会主导价值取向上来。也就是说，思想政治理论课是知识教育，是关于理解周遭事物的知识教育。正是如此，思想政治理论课自从产生起就一直没有以抽象的形式单独存在和展开，而是寓于知识形态的教育活动中的（如现行高校四门思想政治理论课），抽象展开的思想政治理论课是无源之水、无本之木，不可能存在和发展下去。一些思想政治理论课是知识教育，但这种知识教育不是一般的知识教育，而是一种思想政治素养教育，作为知识的是思想政治素养。政治社会构成了人的生存境遇，人一刻也不能离开对这个境遇的理解和把握。只有理解了，把握了，人才能构筑自己的被主流社会认可的日常生活体系，才能纳入有序的社会生活轨道上来。而一个人之所以能够理解，把握自己的生存境遇，就是因为他有科学的世界观和方法论，有正确的认知态度和审视视野，他能意识到社会对他的要求以及他自己应该对社会所担负的态度和责任。也就是说，这种理解、把握是建立在思想政治素养的知识平台上的，是作为知识的思想政治素养在运用知识的力量理解社会、解释周遭事物。这种解释、理解的过程就是思想政治理论课知识教育在人那里的作用过程。

二、思想政治理论课教学的价值目标

对高校思想政治理论课教育教学来说，要有效实现价值教育的目标，必须把知识教育和形式的价值教育与实质的价值教育有机结合起来，有利有理有节地、合乎时宜地把马克思主义信仰教育融入其中。

首先，大力推进马克思主义理论知识教育，掌握科学的价值评价能力和批判精神。形式的价值教育为主体建构了一种价值体系或信仰的生成平台或生成工具，主体只要掌握了一种知识体系、价值评价能力和批判精神，他可以即时地拥有一种信仰和价值理念。信仰首先产生于知识，这是信仰的原初形态。马克思主义既可以是一种信仰，也可以是或者说更可以是一种知识。事实上，信仰与知识是密不可分的：信仰指向一个目标、一个价值；知识是认识现状、了解人的处境，面对世界。信仰与知识的不同在于，信仰是一种力量，因为有了信仰，我们才能够行动，投入，所以信仰很重要。但如果只有信仰，没有知识的话，这种信仰就会变得很盲目。知识犹如我们的眼光，是我们对世界、对自我的认识，所以从整体上说，知识是多方面、多层次的。对人类历史，对马克思主义的理解都是一种知识，知识是对人或物的具体的认识，所以，知识的涵盖面是很广的。知识的目标是什么？是为了让人成长、让人成为一个真正真实的人，让人做符合时代需要的事情，是让人追求真理，让人在真理中转化人的本质力量，从这个意义上说，知识与信仰一样，也是一种力量。如果没有知识，只有信仰，我们是散漫的、无力的。一般来说，知识会产生一种信仰的力量，信仰往往也应该带动知识的发展，但有时信仰也会对知识产生一种负面作用，知识也可能对信仰产生一种批评或破坏的作用。马克思主义是一种科学的理论知识，它在总结无产阶级斗争经验和人类自然科学、社会科学优秀成果的基础上，深刻揭示了客观世界特别是人类社会发展的普遍规律，揭示了社会主义必然代替资本主义并最终实现共产主义的普遍规律，是无产阶级进行革命和建设的科学思想体系。马克思主义之所以具有彻底的革命性，正在于它的严格的和高度的科学性和真理性。同时信仰产生于理解，而理解的过程就是批判的过程。马克思主义具有批判性，因为辩证法的本性是批判的。马克思主义的哲学基础就是唯物主义的辩证法。从这个意义上说，马克思主义的本性就是批判的，革命的。马克思主义全部学说就是在对事物肯定的理解中包含着对事物否定的理解，从事物的运动中、暂时性中去理解。

其次，大力推进马克思主义信仰生活化，构筑马克思主义的群体文化框架。因为个体主体只有依赖其所属的群体及其文化的框架，才能习得生活能力，才能掌握社会文化规范，因此，每个群体在传递其规范的价值取向时，并不仅仅限于理性主义的知识传授和逻辑辩证，而是从其社会成员确立的那一天起就开始不遗余力地通过一系列途径有意无意地对其成员所有的精神领域施加影响。只不过，批评理性主义者把这种不仅以理性的方式，而且以所有精神力量的方式进行的价值教育，视为贬义性的"灌输"，灌输成了专制和压迫的化身。其实，从人类发展历程来看，对灌输的总体拒斥是站不住脚的。把马克思主义信仰生活化，不仅是实质的价值教育的要求，更是马克思主义大众化的本质要求。马克思主义大众化，从本质上看，就是马克思主义回归生活世界的过程，因为马克思主义大众化不仅是一个理论问题，更是一个实践问题。马克思主义只有与人民群众的生活实践结合起来，才能真正为广大群众所掌握并内化为其活动图式。事实上，也正是由于马克思主义的价值和意义体系遭到了来自大众现实生活层面的否定，才使得马克思主义大众化成为一个重要的时代命题。"生活"是马克思哲学的重要基础意蕴。源于生活、理解生活、批判生活、创造生活，是马克思哲学的重要特点与使命。在思辨终止的地方，在现实生活面前，正是描述人们实践活动和实际发展过程的真正的实证科学开始的地方。而传统思辨哲学遗忘生活、遮蔽生活，现实的生活生产被看成是某种非历史的东西，而历史的东西则被看成是某种脱离日常生活的东西，某种处于世界之上的东西。相反，马克思把"现实个人"及其生活作为历史唯物主义的现实入口处，马克思以回归现实生活的热切姿态，批判和超越了传统形而上学，积极倡导"生活、实践"的观点，实现了现代哲学实践论范式的重大转向。马克思主义信仰，基于人们生存于其中的客观现实，从现实中分析和概括出符合事物发展方向的客观规律，它给人们指出的是一条现实道路。马克思主义不仅能够给大众群体的日常生活提供模式和指导，为现代个体生活确立价值导向，而且还为现实生活矛盾的化解和现代生活发展困境的处理提供价值标准和价值评价的方法，为人的全面发展提供现实平台。马克思主义只有进入群体和个体的生活世界，用辩证唯物主义和历史唯物主义的认知态度和审视视野指导和范导大众的日常生活实践，才能真正进入大众的头脑，实现真正意义上的大众化。

高校思想政治理论课教学落实着"三进"任务，承担着当代大学生的主导价值取向的牵引和培植工程。于此，我们对高校思想政治理论课的教育教学不能仅从一般学科的角度去要求，而要从培养什么人、如何培养人的高度去认识，站在为社会主义服务、为人民服务的立场上去拓展当代大学生的政治视野和学识。在教学过程中把传授知识与进行思想政治教育结合起来，深入发掘思想政治理论课的价值教育功能，加强马克思主义世界观和方法论的教育，帮助他们掌握和形成科学的政治素养，获得对社会的科学认知态度和审视视野，从而使学生在学习科学文化知识过程中，达到自觉加强思想道德修养、提高政治觉悟的目的。

第二节　高校思想政治理论课教学环节优化创新

世界上一切事物和过程都有自己的结构，课堂教学当然也有自身的结构，这就是我们平时所说的教学环节。一般而言，课堂教学环节是指一节课的各个要素联系的内部形式，它反映了一定教学单元体系中一节课的教学过程及其组织。课堂教学是一门科学，也是一门艺术，课堂教学的艺术贯穿于课堂教学的全过程，要上好课，就必须精心设计课堂教学的每个环节，熟练掌握和应用教学技能和方法。课堂教学牵涉面广，灵活性强，是多种能力的综合运用，教师必须在教学实践中作长期的艰苦不懈的努力。

一、教师引导环节

教师引导环节是高校思想政治理论课教学的重要组成部分，是课堂教学环节的起点，也是基础，同时还是传统课堂教学环节和现代教学环节的有机衔接。

（一）学习习惯引导

学习习惯是在学习过程中经过反复练习形成并发展，成为一种个体需要的自动化学习行为方式。良好的学习习惯，有利于激发学生学习的积极性和主动性，有利于形成学习策略，提高学习效率，有利于培养自主学习能力，有利于培养学生的创新精神和创造能力，使学生终身受益。

良好学习习惯的导入——习惯形成性格，性格决定命运。

约·凯恩斯（John Keynes）曾经说"习惯形成性格，性格决定命运"。良好的学习习惯，能帮助学生明晰学习方向，提升学习效率，使学生不断自我完善；不良的学习习惯则容易使学生滋生消极的思想意识，不利于学生的成长成才。思想政治理论课是高校最重要的基础性公共课，对大学生至关重要，因此，教师优化创新引导环节的前提和基础就是大学生良好的学习习惯。

1. 循循善诱，让积极学习思想政治理论课成为一种习惯

学习就是要学生在学的过程中习得科学知识和好的为人处世品质。在思想政治理论课的教师引导环节，教师处在一种引导的地位，要循循善诱，以丰富的知识储备和生动活泼的形式，激发学生学习思想政治理论课的积极性。学习主要是由学生自己来完成，这需要学生课前大量阅读文本材料，在网络上查询相关的大量信息，做好充分的准备。然后在课堂上，老师在引导的时候进行提问，通过学生的回答，老师给出合理的解释，并帮助学生把碎化的知识体系化，一方面能帮助学生养成主动学习的习惯，加深对知识的理解消化；另一方面，能很好地促进师生之间的良性互动。

2. 趋利避害，让科学利用网络成为学习理论课的一种习惯

网络是一把双刃剑，有些大学生过度依赖网络和沉迷于网络，在学习上已经造成了巨大的负面效应。但是网络也是当前大学生学习的最重要的工具和手段，因此必须引导大学生形成科学利用网络资源学习思想政治理论课的习惯，既要很好利用网络答疑解惑、开拓视野，也要利用网络学习知识、增加储备，更为重要的是要自觉地规避网络的负面效应，发挥网络在思想政治理论课学习中传播的正能量。既要科学利用网络，又不过度依赖网络，更不沉迷于网络，让科学利用网络成为一种学习思想政治理论课的良好习惯。

3. 合理安排，让科学规划成为学习理论课的一种习惯

"凡事预则立，不预则废"，没有科学规划，做事情就会像无头的苍蝇到处乱撞，其结果只能是什么事都做不成做不好。针对学生已经形成的懒惰习惯，期待学生自觉地去做是不可能的。这就需要学校制定硬性的规章制度严格要求学生，外在规范学生的作息。人的习惯养成是有一定的规律以及时间的，硬性的规章制度实行到一定阶段，学生逐渐养成计划性作息习惯时，这种规章制度就可以放松规范力度了。因为硬性规范时间过长，容易给学生造成一种压抑感，不利于学生自我主动创造性的发展，这样也会偏离学校制定硬性的规章制度的初衷。同时，一个人的精力是有限的，再好的学校也不可能培养出十全十美的英才，要引导学生科学规划、分清主次、抓住重点、提升能力。

4. 积极向上，让学习先进榜样成为学习理论课的一种习惯

思想政治理论课是做大学生思想政治工作的，其核心目标是宣传科学的价值取向和崇高的信仰。在人生道路上榜样是盏明灯，是盏在学生遇到困难挫折时鼓励他或她不断前进、永不泄气的灯，是盏在学生寻求成功道路上迷茫时引导他不偏离轨道的灯。榜样的作

用是巨大的，可激励学生以榜样为目标而不断努力。思想政治理论课要结合社会实际、当地实际和学校实际，引导学生树立榜样意识。教师可以在思想政治理论课上经常邀请在社会群体中影响力较大的，并且亲身经历的故事对大学生有说服力的名人、成功人士来作演讲，或者通过视频等形式，以榜样的故事、言行来鼓励学生，给学生传递积极向上的信息，在学生面对学业或者人生选择迷茫时，提供一些建议，帮助学生及时准确地找到自己的定位，树立自己的目标理想。

5. 谆谆善导，让互动分享成为学习理论课的一种习惯

所谓教学，不仅要"教"，还要"学"。这之间存在着教师与学生的双向选择问题。

圆满的教学要求老师和学生间能够相互积极地配合。和谐融洽的师生关系是构建师生良性互动的前提，怎样才能建立起这样的师生关系？重点在于师生之间社会角色的转换。二者之间除了老师与学生的角色，还可以是朋友与朋友的角色。在师生真正的交往中，很多时候，一些老师难以真正放下身段，总是以一种凌驾于学生之上的姿态接触学生，这样的交往中，学生自然会产生排斥感，潜意识中在老师和自己之间建筑起高高的心墙，把老师和自己完全隔离开。老师只有放下身段，真正敞开心扉，像对待朋友一样对待学生，才能真正融入学生，才能真正走近学生。如果老师和学生之间不存在这种情感意识层面的交流的障碍，二者必然能处在一种积极交流，和谐融洽的关系中，这样，又何愁在课堂教学过程中学生不配合呢？

（二）学习方法引导

学习方法是通过学习实践总结出的快速掌握知识的方法。思想政治理论课与其他学科一样，需要科学的学习方法，因此，在课堂教学教师引导环节，学习方法的优化引导至关重要。

科学学习方法的导入——学习有法、学无定法、贵在得法。

不同的学科有不同的学习方法，并没有统一的规定，甚至有很多相通之处。不过，因个人条件不同，时代不同，环境不同，选取的方法也不同。古人说，学习有法，而无定法，贵在得法。在思想政治理论课的学习中有方法可选、有规律可循，但并没有固定的方法，也没有最好的方法，只有最适合自己的方法，贵在得法。

基于对当前大学生思想政治理论课学习方法的现状分析，大学教育领域正在发生极其重要的转移，即由"教"向"学"转移，由"被动"向"主动"转移，由"重复过去"向"面向未来"转移。为此，思想政治理论课教师要从以"教师为中心"改变到以"学生为中心"，确立大学生在教学过程中的主体地位，重视大学生的学习方法。秉承"以学生为

中心、以教师为主导"的教育理念，从优化创新的角度看，教师的作用重在引导、指导、点拨，促进当代大学生向自主学习、合作学习、探究学习、学会学习的方式转变。具体如下。

1. 引导学生由被动接受学习转向主动探究学习

主动探究学习是一种高品质的学习。"被动""受控"是传统学习模式的根本特征。而主动探究学习是一种特殊的认识过程，是自觉的、体验的、积极的、基于感性的认识活动，它是情境性、非线性的认识过程，它蕴含了丰富的、潜在的教学价值。我们将"主动探究学习"概括为建立在自我意识发展基础上的"能学"；建立在学生具有内在学习动机基础上的"想学"；建立在学生掌握了一定的学习策略基础上的"会学"；建立在意志努力基础上的"苦学"。尤其要突出探究兴趣、探究热情和良好求知态度的激发与维持，实现探究活动、探究态度、探究精神的一体化，让学生在真实的探究过程中亲力亲为，拥有足够的探究和体验的时间和空间，将知识真正融入心灵，促进学习目标的全面达成。

2. 引导学生由个体封闭式学习转向合作学习

合作学习是一种目标导向性活动。要改变大学生的个体封闭式学习倾向，培养学生与人交流、沟通、合作的意识和能力，就要积极倡导合作学习。在合作学习中，由于有学习者的积极参与、高密度的交互作用和积极的自我概念，使学习过程远远超越了个体单向认知与交流的过程，而形成一种多元互动、立体交流的过程。合作学习将个人之间的竞争转化为个体之间的合作，有助于培养学生的合作意识和团队精神。合作意识和创新能力是21世纪人才必须具备的基本素质。

3. 引导学生由单一的课堂学习转向开放的网络学习

传统的课堂学习只限于课堂中师生面对面有限的同步交流，交流对象范围小。网络学习则扩大了交互性，学习者可通过网络向世界各地的学习者和优秀教师提出问题和请求指导，这样就使学习者参与到交互协作式的学习中，极大地提高了学习的有效性和科学性。网络学习是终身学习的一种重要的学习方式。网络环境下的学习是形式多样的，学生完全可以根据自己的基础、学习能力和学习时间等条件来灵活地选择学习内容、学习进度和学习方法。这种方式有利于培养和呵护学生的学习兴趣，能够充分体现学生学习的个性化特征，促进学习者个性发展。

4. 引导学生由片面书本学习转向全面体验学习

长期以来学生只重视学习书本知识，很少让自己去体验和感悟知识。这样不仅使学生失去了鲜活的创造意识和创新精神，欠缺能够迁移的知识和实践能力，变成只会纸上谈兵，使所学的知识成为无用之物。一些成绩很不错的大学生，一旦离开学校，却发现自己很难适应社会，所以应倡导体验学习，培养学生的实践能力。全面体验学习是教师引导学生亲身体验大自然，参与社会服务，实地进行调查、访问、参观与实验，实际进行讨论或发表意见，进行设计与生产等真实活动，并经由实践、体验、省思与分享，以觉察活动意义和达成学习目标的学习。

总之，大学生学习方法的变革与教师教学方法的创新是相辅相成的关系。学生学习方法的变革，推动教师教学方法的创新；教师教学方法的创新又反过来会影响学生的学习方法与结果。学生采用探究学习法、合作学习法、网络学习法、体验学习法等先进的学习方法，可以最大限度地发挥学生个人的潜能，提高自身的观察能力、思维能力、动手能力、语言表达能力和创造能力。而教师也应不断更新教育观念，创新教学方法，培养学生自主学习、解决问题、科学实践的能力，把学生培养成现代社会所需的富有创新精神和创新能力的复合型人才。

二、学生自学环节

学生自学环节即学生自主学习环节。自主学习既是一种学习方式，也是一种教育思想和教学要求。建构主义教育学认为，教育是以学生为中心的活动，学生对知识的主动探索、主动发现、主动建构才是教育的真谛。教育不是"授之以鱼"而是"授之以渔"。自主学习与"他主学习""被动学习"相对应，它带来了教育理念的革新，激发了各门教育科学对自主学习模式的探索。思想政治理论课是一门理论性很强、涉及内容又比较广的课程，仅靠教师单向灌输，进行理论阐释，学生不喜欢听，教学效果也不理想。为此，我们要转变教育观念，优化创新学生自学环节，确立以学生为本、注重实效的教育理念，从学生思想政治素质和教学规律出发，积极推进教学方法的改革和创新，进行大学生自主学习的实践探索。

（一）自主学习的实施原则

1. 教师引导与学生自我管理相协调

教师是自主学习的主导，对自主学习教学环节进行组织与协调，负责安排自主学习的时间、建议自主学习的地点、规划自主学习的内容、实施自主学习的考核等。学生是自主学习的主体，要充分尊重学生的主体地位，强化学生的主体意识，激发学生的主体情感，让学生真正成为学习的主人。在教师的统一指导下，可以放手让学生根据自己的需要与意愿组织合作团队，根据自己的兴趣与优势联系自主学习的地点或单位，根据自己的情况与条件合理安排自主学习的时间。

2. 教师课堂讲授与学生自主学习相同步

课堂讲授教学模式是高校思想政治理论课的主渠道，自主学习教学模式是让大学生体验和理解理论的重要途径，是课堂讲授教学模式的必要和有益的补充，因此，自主学习无论在教学内容上还是在教学时间上都要与课堂教学相同步。教师可以给出若干与课堂教学相呼应的自主学习内容，规定好完成自主学习的时间，让学生自主选择学习内容、自由安排学习时间，在充分调动学生学习主动性的同时，保证自主学习与课堂教学相同步。

3. 学生个人进行与小组协同合作相结合

自主学习教学模式的关键是使自主学习活动落实到个人，使每个人切实参与到自主学习活动中来，在自主学习活动中有自己的任务、经历与体验。但在未来的创新活动中，许多任务仅仅依靠个人的力量是不可能在有限的时间内完成的，而需要依靠集体的智慧和力量。因此，协同合作意识就显得尤为重要。通过小组成员之间、班级成员之间、教师与同学之间的协同合作、取长补短、相互学习，让学生体会到集体的重要性、合作的意义，让学生感受到在这个充满竞争的社会里，还有比竞争更重要的东西——合作。

4. 自主学习内容个性化与集中化相统一

就自主学习教学模式的教学内容而言，要始终坚持理论联系实际的原则，即自主学习的内容是教材知识体系的实际应用。因此，自主学习的每一个单元对应相应的理论基础，所有的学生都要在教师的统一指导下进行理论基础的实践转化，因此，其学习内容具有集中化的特点。但在具体实施过程中，则要让学生实现自我反思、自我管理、自我服务和自我教育，要全面考虑每一个学生的实际情况，尽可能地照顾到不同思想状况和基础水平的学生群体。所以，在教学过程中，允许甚至鼓励个性化学习内容的出现，做到因材施教，分类指导，让学生在自主学习过程中有不同的经历与体验。

（二）自主学习的实现保障

自主学习虽然说是学生"主动"地、"自主"地学习，然而，形成自主学习模式却不是"自然而然"的事情。自主学习也不是"肆意而为"地学习，它要有学习的目标、学习的内容和学习方法，而这些方面的获取不单是学生个体的问题，它涉及学生、教师、社会环境等诸多方面，因此，自主学习的实现保障尤为重要。

1.学生主体地位的培养是自主学习目标实现的重点

自主学习模式既能体现学生的主体地位，又必须依赖于学生主体地位的发挥。如果学生缺乏学习的主动性，那么自主学习模式就无从谈起。学生的主体性就像是潜藏的资源一样，需要我们去挖掘它。因此，在构建自主学习模式时要把培养学生的主体地位放在首位。在思想政治理论课上，大学生主体地位应该表现为对马克思主义理论的积极探索精神，密切关注时代新变化对马克思主义的挑战，积极探索回答思想上对马克思主义的疑虑和困惑。然而，现实的情况却是大学生对马克思主义的求知欲望并不高，积极学习思想政治理论课教学内容的主动性不强。培养大学生在思想政治理论课上的主体性，要紧密结合大学生的人格特点，当代大学生思想非常活跃，他们情感丰富、强烈，但有时表现出不稳定；他们逻辑思维发展迅捷，但有时带有较为明显的主观性和片面性；他们自我意识增强，富于理想精神，对未来充满希望。思想政治理论课要将大学生的人格特点与马克思主义理论教学紧密结合起来。要用丰富的历史事实和中国社会的剧烈变革激发出大学生对马克思主义的强烈情感认同；要用大量的设问、答疑、质问、演绎调动大学生的逻辑思维，不要苛求"熟知"真理的普遍接受，学生幼稚的甚至是"大胆的"问题都有利于马克思主义的真正"入脑"和"入心"。要用教师的教学态度、语言表达、目标激励、多媒体影音，来激发大学生对教学内容的意识觉醒，循循善诱地引导大学生主动地投入到教学过程之中。在自主学习模式中，学生的主体地位会充分表现出来，教育者要密切关注学生主体性表现的程度，适当引导自主学习的进程。

2.教师主导地位的发挥是自主学习目标实现的关键

教师是自主学习的设计者、监控者和评价者，同时也是学生自主学习的引导者，倡导学生自主地学习，并不能取代或忽略教师的主导作用。在思想政治理论课上，教师的主导作用主要表现在：运用教学手段激发学生学习的积极性和主动性；研究教学方法，用通俗易懂的语言、生动鲜活的事例、新颖活泼的形式，活跃教学气氛，启发学生思考；精心设计和组织教学活动，开展多样化的教学实践；完善考试方法，采取多种方式综合考核学生对所学内容的理解和实际表现。在学生自主学习模式下，思想政治理论课教师的主导作用由课堂走向了学生的日常学习，由"面对面"地主导学习进程变成"预设性"指导，教师要帮助学生唤醒自我学习的意识，要帮助学生明确学习的目标、任务、方法，甚至是学习地点和时间，要培养学生的写作能力、利用网络和查找资料的能力，最后是教师要主导对学生自主学习的考评。思想政治理论课教师对自主学习模式成功与否起到关键性作用，教师要积极提高业务能力，特别是要掌握自主学习模式的运行规律，将思想政治教育的基本原理与自主学习模式结合起来；要不断提高马克思主义理论素养，要使自己成为学生心目中的"马列专家"，做坚定的马克思主义者，做传播马克思主义的排头兵。思想政治理论课教师还应成为知、情、意、念、行的楷模，用言传身教引导大学生形成社会主义思想品德。

3. 自主学习环境的营造是自主学习目标实现的外部保障

自主学习离不开好的学习环境，自主学习要求有一种能够让学生主动学习的软硬件环境。思想政治教育也强调环境建设，环境对人的思想品德和心理发展的作用是巨大的。根据思想政治理论课的特点，在思想政治理论课中构建自主学习模式，主要涉及家庭环境、校园环境和社会环境建设。家庭是人社会化的第一块基石，家庭的物质条件和精神条件对学生自主学习影响重大。思想政治教育重视家庭环境建设，一个家庭成员关系良好、家风健康向上、家庭文化素质高的家庭，对大学生思想政治素质的提高起到基础性作用。在这样的家庭环境下，自主学习模式运行的过程会更加流畅，运行的效果也会更加明显。校园环境是大学自主学习的最主要环境。校风中要有自主学习的氛围，能激发出大学生自主学习的积极性。校园要有开放的学习环境，开放的自主学习空间不只是教室，学校的图书馆、自习室、阅览室、多媒体教室等都可以成为开放的学习环境。校园中要有浓厚的宣传党的教育方针和思想政治教育的氛围，包括宣传栏、图片展、研讨会、讲座、信息网等。校园环境决定着大学生自主学习马克思主义理论的机制。

社会环境是大学生自主学习马克思主义的外围空间。社会给大学生的思想品德和心理以强有力的宏观影响。思想政治理论课的自主学习模式必须注重社会环境的研究，通过研究社会上对马克思主义的认识状况，来掌握大学生的内心世界；通过引导社会上对马克思主义的舆情来影响大学生自主学习马克思主义的方向。社会环境既能提供正能量，也能形成反向激励，思想政治理论课自主学习模式的主导者要善于运用社会环境的变化来推动大学生自主学习马克思主义的目标和任务的实现。解决社会的实际问题永远是学习马克思主义的最终指向。

在思想政治教育学上，为了完成思想政治教育的任务，要求把家庭环境、校园环境和社会环境在方向上统一起来，因此，营造和优化思想政治理论课自主学习的环境，就成为构建自主学习模式的关键因素。

三、合作研究环节

合作研究型学习、合作学习又称协作学习，是指学生为了完成共同的任务，有明确责任分工的互助性学习研究的过程。合作研究让学生根据自己的兴趣、特点组成学习小组，每个小组根据教师提出的问题、任务，结合组员的特长，确定目标、分配任务、学习研讨、确定方案、完成任务，并把自己的学习研究成果在全班展示。合作性学习兴起于20世纪70年代，到90年代影响日益扩大，目前广泛应用于美国、英国、荷兰等国。随着网络等现代化新媒体的快速发展，大学生获得各方面信息的速度比教师还要快，高校思想政治理论课中的每门课程的教学设计都要进行优化创新，每个教学设计中都应该给学生提供探索的机会，锻炼学生的合作与探索能力。

（一）合作学习在思想政治理论课教学中的价值

1. 有助于实现思想政治理论课的功能目标

高校思想政治理论课从其功能目标来说，承担着对大学生进行马克思主义理论教育、道德传承和理想信念培育的重要任务。要想使马克思主义理论真正进入大学生脑中，使思想政治理论和道德观念外化为学生的实际行为，光靠思想政治理论课教师单纯的理论传授和道德灌输是不行的，它特别需要学生参与到教学过程中，运用自己的智慧了解这些思想理论，掌握其中包含的科学真理。在思想政治理论课中运用合作学习可以从根本上改变教师的说教方式，增加学生参与特定情境下教学活动的机会，使学生在亲身体验和实践中，既提高发现问题和探究问题的能力，又提升他们对思想政治理论课的理性认识，感悟马克思主义理论的科学真谛。

2. 有助于促进思想政治理论课教学改革

改变教师的教学方式和学生的学习方式是高校思想政治理论课教学改革的重要任务之一。这就要打破传统高校思想政治理论课教学中教师的绝对话语权，让学生成为教学的主体。我们在高校思想政治理论课中运用合作教学，就是要引导学生积极参与教学过程和认知过程，使学生成为教学活动的主体。伴随着互联网的日新月异，大学生能够通过手机、电脑等现代媒体渠道快速地获取信息，其涉猎的广度和深度甚至超过教师，他们求知求新的意识异常强烈。事实上，高校思想政治理论课的很多教学环节都可以为学生提供探索求知的机会，激发他们的探究创新精神，创设平等、和谐、合作、相互尊重的学习氛围。通过这种学习方式，不仅实现了思想政治理论课由"以教为中心"的教学向"以学为中心"的教学的转变，而且提高了大学生运用马克思主义立场、观点和方法观察问题、分析问题和解决问题的能力。

3. 有助于实现学生的全面和谐自由发展

大学生的全面发展离不开各种能力的培养，合作学习不仅面向"全体学生"，也面向"学生的全体"。在高校思想政治理论课中运用合作学习，可以充分调动学生的主动性和积极性，激发他们的创新意识。小组所有成员围绕一个主题共同思考设计方案，多渠道搜集资料，对信息选择、加工，综合运用所学知识得出结论，每个学生都有机会发表自己的观点，倾听他人的意见，积极交往、融洽合作，优势互补，相互依赖，既帮助学生掌握马克思主义的理论和方法，又培养学生的综合素质与能力，使学生在参与过程中得到全面和谐自由的发展。

（二）合作学习在思想政治理论课中的策略应用

新形势下，小组合作学习无疑是顺应高校思想政治理论课教学改革总趋势，提高思想政治理论课实效性的有效模式。思想政治理论课教学中的小组合作学习可分为正式和非正式两种。非正式小组合作学习是课堂教学中经常开展的，自由的、不拘形式的，如思想政治理论课中的热点问题交流法、课前五分钟时事新闻播报法等。正式的小组合作学习是有计划、有组织地开展，确立主题、准备资料、集体讨论，也可以邀请其他人员包括教师参加，如专题研讨、政治小论文演讲比赛、第二课堂、社会实践调查等。

1. 合作学习教学设计与启动

做好合作学习的教学设计对于优化合作学习效果起着非常重要的保证作用。合作学习教学设计包括两个不同层次类型：课程总体教学设计、具体课题教学设计。总体教学设计要求教师对高校思想政治理论课课程内容有深刻的理解，有总体的把握，从教学大纲出发，根据学生的认知水平、兴趣和社会化水平，确定哪个教学内容适合实施合作学习，采用哪种合作学习方法等。在进行具体课题教学设计时，要精选合作学习内容，通常是选择贴近社会、贴近实际、贴近生活，大学生感兴趣，具有一定的共性和挑战性，并且是小组容易合作的主题。如果问题过于简单且没有共性，就可能激发不了学生的学习兴趣，学生也没有合作意识。

2. 合作学习课题设计与布置

课题设计是影响学生合作学习效果的关键。当代大学生最关注两个问题：一个是实现中华民族复兴之路；一个是个人的成长成才之路。而解决这两个根本问题的方法就是从思想政治理论课中找到答案。因此，高校思想政治理论课教师必须充分发挥思想政治理论课的导向功能，依据其课程性质，围绕思想政治理论课的基本理论知识，结合学生关注的社会热点、难点问题，精心做好课题的设计，拟定准确的学习目标。由于思想政治课理论性较强，在合作学习任务布置之前，任课教师一定要有集中授课。集中授课主要对合作学习专题中的重难点问题，设计出一些具体问题，为学生创设合作学习情境，然后让每个学习小组自主选择合作学习课题。同时对每组提出学习要求，传授合作学习技巧，指导小组成员对学习任务进行合理分工等。教师要力求在最少时间内呈现最多最有效的信息，引导和激发学生讨论问题的兴趣。同时，在集中讲授过程中，教师对设计问题不能给出结论，要留给学生思考和合作学习的空间。一般来说，任课教师要提前1—2周布置合作学习任务，要求合作学习小组组长在课后组织小组成员对所布置的课题进行研究和讨论，从不同角度对课题进行分解，拟定合作学习的思路，探讨合作学习成果展示的形式，最后将合作学习的成果拿到课堂上来交流展示。整个学习过程需要全体小组成员的配合、协作、互动、参与。

3. 建立合作学习互动小组

合作学习小组的建立是影响合作学习有效性的重要因素，我们教师在思政课教学第一课就应该让学生了解思想政治理论课的总体内容和教学模式，告知我们将运用合作学习方法进行教学，使学生有一个心理准备的过程。因此，在合作学习之前必须做好学习小组的建立工作。合作学习小组通常由性别、学业成绩、能力、兴趣等方面不同的异质成员构成，小组在构成上应体现一个班级的缩影。在实践中，我们组建合作学习小组一般采取每组在学生干部或党员、女生和学习成绩优秀或综合能力较强学生的基础上，再让学生自由组合的办法，尽量让各小组总体水平基本一致，体现"组内异质、组间同质"的原则，保证全班各小组能间展开公平竞争。

4. 小组合作学习与交流

合作学习在高校思想政治理论课中的运用是一个复杂的过程，主要包括组内合作学习和组间交流研讨。组内合作学习是小组围绕学习主题共同讨论实施方案，每个组员根据自己的特长承担相应任务，如组织策划、查阅资料、制作PPT、总结汇报等，责任落实到人。这种自主、开放、合作的学习过程，能广泛调动学生参与的积极性和主动性，让学生的个人才能得到充分展示，真正实现学习小组的合作互动和共同进步。在小组合作学习过程中，教师也要实时跟进合作学习小组的学习进程，把握方向，促进合作开展，以保证小组学习的成果，避免半途而废。小组交流是在小组合作讨论后，每个小组推荐一名小组成员参加小组交流研讨，展示他们合作探究的课题成果。在交流研讨过程中，小组其他成员以主持人、记录人、总结与报告人等不同的身份参与讨论活动，根据情况补充发言。

5. 合作学习评价与考核

为了充分调动学生参与合作学习的积极性，必须形成科学的评价体系，使学生在体验到学习乐趣的同时，更能提高参与合作学习的信心。传统教学的竞争性评价，关注的是个体在整体中的位置，把分数上的"成功"作为衡量学生优劣的唯一标准，不利于大部分学生的身心发展。合作性评价是将"不求人人成功，但求人人进步"作为教学过程所追求的一种境界和评价理念，采用客观记录、组内学生自评、组间互评和教师评价相结合，个人成绩和小组团体成绩相结合，学习成绩和合作态度等品质相结合，使评价从单一走向多元。

四、体验践行环节

体验式教育作为一种教育模式雏形，最早可以追溯到古希腊哲学家苏格拉底的教学方式。他教导弟子是以情景教育和发问的方式进行，这是体验式教育的雏形。俗话说，"实践出真知"。正确的认识，只能在实践中产生，没有实践的体验只能是无源之水，无本之木。在实践活动中引导学生不仅用眼看、用耳听，而且动手做，达到情动、心动、入脑、入心的境界，进而帮助学生在所见所闻、所想所做中亲身体验、感悟，提高自身的思想道德素质，并外化为良好的道德行为。在高校思想政治理论课的教学中设置体验践行环节，是适应时代发展、增强教学实效性的优化创新之举。

所谓体验式教学活动是遵循学生在学校期间所获得的全部教育性经验的课程理念，以课堂教学活动、日常生活体验、参观考察、社会实践和旅游活动等实践活动为主要形式，以个体主动参与、亲身体验为特征，以直接经验为主要课程内容，所展开的教学活动。

（一）体验践行教学活动的主要方法

1. 情境创设法

教育要通过生活才能发挥力量而成为真正的教育。品德教育同样必须通过生活发挥力量才能成为真正的品德教育。创设情境是让学生全程参与教学，使学生在自己的亲身实践中加深情感，深化认识。同时创设情境也是吸引学生，提高他们对思想政治理论课学习兴趣的一个重要环节。在课堂上，教师可以通过模拟真实场景或通过播放影音作品，再现当时的情景，让学生在身临其境中体验，在实践过程中产生实践的焦虑和关注知识的兴趣。因为人们经常是在受到实践问题的刺激下，产生强烈的求知欲，然后用概念、理论去把握这些问题，从而产生情感上的交融、寻求真理的渴望。

2. 课堂讨论法

课堂讨论式教学方法有悠久的历史，在中国可以追溯到两千多年前的教育家孔子。孔子的育人理念是因人而异，因材施教。孔子对不同的学生就同一个问题会有不同的讨论方法，以全方位激发学生的学习兴趣。在西方可以追溯到古希腊的苏格拉底，他习惯于采用讨论式交谈，通过这种方式，一步一步地引导讨论者思考问题。这种方法我们称之为"助产术"。在高校思想政治理论课教学中，教师可以适当地采取这种方法。课前教师就教学内容和社会现实或社会热点话题确定辩题，或学生自己确定一个感兴趣的话题，然后每个小组课前须通过多种途径（书本、数字图书馆等）掌握充分的理论知识和相关资料。在课堂讨论中，教师要发挥好组织者和引导者的作用，使真理在辩论中浮出水面，从而在轻松愉快的环境中完成教学任务。这种方法不仅可以活跃课堂气氛，激发学生参与的积极性，而且还可以提升学生的自学能力、思辨能力。

3. 社会实践法

我们通常的教学模式是所有的知识传授和讲解都是在课堂上完成，教学内容和社会生活实践相脱离，学生在学校学到的东西感觉无用。因此，体验式教学要求我们立足校园，走向社会。高校应根据教学需要，定期、不定期组织学生走出校园，深入社会开展参观访问、社会调查、志愿服务和公益活动等，使学生在社会的五彩世界里收获知识，增长才干，陶冶情操。在"走出去—走回来"的收尾工作中，教师要做好活动的总结工作。首先，通过一次社会实践活动，每位学生都会对社会产生一定的情感体验或自我理解，因此每位同学都应在活动结束后做好自己的总结工作。其次，教师也要做好自己的情感体验总结工作，并指导学生树立正确合理的人生观、价值观及对社会要有切合实际的认识，避免产生个人偏激的想法和行为、消极厌世的人生态度。最后，教师还应做好组织学生社会实践活动的总结，即本次活动组织的成与败，成功的地方在哪里，失败的地方在哪里，不断提升高校组织社会实践活动的实效性。

（二）体验践行教学活动的具体探索

随着社会的发展，高校向社会输送的人才必须是创新型人才，只有创新型人才才能体现现代大学的真正时代价值。创新人才一般有很强的好奇心和求知欲望；有很强的自我学习与探索的能力；在某一领域或某一方面拥有广博而扎实的知识，有较高的专业水平；具有良好的道德修养，能够与他人合作或共处；有良好的心理素质。这些素质都可以在高校的思想政治理论课程中得到培养和提升。

1.举办"慧眼看世界",引导学生正确认识世界,培养辩证分析能力

随着时代的进步,社会对人才的素质提出了更高的要求,社会需要的是德智体美劳全方位发展的高素质人才。新时代的人才应该具备胸怀天下、放眼未来的气度和精神,学生应该具有关心周围事物和社会生活的敏感度和探究精神。"慧眼看世界"教学活动创新了教学方式,将课堂内外紧密联系起来,让每节课都充满学习时政的乐趣和时代的气息,给学生独立的选材空间,通过各种媒介关注中国和世界的发展动态。

"慧眼看世界"教学活动由教师在课堂上指导进行,任课教师在班上选一名学生当导演和主持人,由导演负责根据全班人数平均分组(一般分14组),每组选出一个小组长,由小组长负责本组的活动。具体要求:整个教学活动从第2周开始,第15周结束;每次活动时间为10分钟;每一组所选主题不同,必须与教材相关理论有联系;每组活动形式不同;每小组成员都要开口讲话;每组在现场展示前必须做好活动PPT;所有活动成员凡讲话必须脱稿。整个教学活动过程:①总导演写活动策划方案并分组;②每组按安排的时间现场展示;③主持人全程主持;④导演总结。整个教学活动结束后,导演、小组长、学生个人写书面总结材料。每组成员展示过程:①主持人开场白;②小组现场展示;③主持人请学生点评;④教师点评;⑤主持人宣布活动结束。

在教学活动中,每个小组确定讨论的主题后,成员一起收集材料,发现问题,讨论如何解决,探索答案。每个人都可以针对主题提出自己的看法,各抒己见。通过分组讨论的方式,调动了所有学生的参与积极性,提高了学生学习政治时事的兴趣,培养了团队互助合作的精神。以上教师主导、学生主体参与的教学方式,寓教于乐,充分尊重了每一个学生的意见,引发学生的求知欲望和探究的精神,能够使教学取得良好的效果。这个活动给了学生一个自我表现的舞台,让学生以不同的视角来了解社会发生了什么,正在发生什么。通过学生的小组展示、学生互评和教师的点评引导学生应该如何正确地认识世界,培养了学生辩证分析的能力。

2.召开"新闻发布会",拓展学生政治视野,培养随机应变能力

联系国家社会热点、难点问题,教师选取一定主题,在课堂上组织学生模仿有关部门召开"新闻发布会"。一学期组织一次,每次一、二节课。召开"新闻发布会"前一周确定主题和活动程序,教师引导学生选出一两名主持人和总导演,负责把课堂变成"会场",每个学生都要认真准备扮演"新闻发言人"和"记者"。正式召开"新闻发布会"时,由主持人主持,教师在下面临时指定"新闻发言人"。当"新闻发言人"上场后,其他学生都可充当记者向他提问。为了让更多的学生上台"发言",一次"新闻发布会"

可划分为几个场景，由不同的学生上台扮演各自的角色，每位发言人回答2—3名记者的提问，一个记者只能提一个问题。"新闻发言人"必须根据自己的角色定位来回答记者的提问。如召开"国务院总理新闻发布会"，上台发言的是"总理"，面对下面来自世界各地的记者，要想演好"总理"，学生就必须提前掌握相关的国家政策，了解社会现象，有一定理论知识储备，才能在台上应付自如，不会有失"身份"。通过"新闻发布会"，学生在一定程度上关注了国家社会的发展，学会了从宏观上、大局上观察中国的政治现象，慢慢从感性认识上升到理性认识，不但拓展了学生政治视野，而且培养了他们随机应变的能力，学习的积极性也相应提高了。

3. 组织读书会，加强学生知识储备，提高理论联系实际能力

理论课教学中，提高学生理论联系实际的能力往往很难。引入读书会是一个很好的教学方式。读书会可以燃起学生持续学习的热情，定期于某段时间，利用与课程相关材料（可为经典原著、实例分析、影视资料等），通过读书会领头人的聚焦式讲座，成员之间相互交流思想，凝聚共识，激发创意，使学生能力的上限不断突破，培养出全新的、前瞻性的思考方式。整个学习的过程是动态、持续的。

把读书会引入《概论》的课堂，教师可在课程开始时就计划好，一般在课程开始时布置、结束阶段举行最好，随堂举行一次聚焦式讲座。导入前先训练好小组长及领头人，说明读书会的精神、意义及读书会材料准备方向、领头人应有的态度、读书会进行方式、读书会气氛营造等。实行聚焦式讲座时，由领头人引言或导读，学生分组综合讨论，然后集中发表和分享心得、经验。通过组织读书会，学生可大大加强各方面的知识储备，能运用理论分析社会现实问题，提高了理论联系实际的能力，对社会的心理认同度也得以提升。

4. 进行试讲，锻炼学生胆量，强化理论课程认同感

俗话说，台上一分钟，台下十年功，要想把简单的理论讲透讲活，没有一定的知识储备、理论功底、讲功和驾驭课堂的能力，是站不稳讲台的。一些学生认为教师在《概论》课上强制灌输的都是些枯燥的理论，反正书上都有，考试前突击复习一下就可得学分，平时听不听都一样。看着老师在讲台上"表演"，觉得不能理解，认为不过小菜一碟，大可不必如此，体会不到教师的艰辛。

在这种情况下，教师不妨与学生角色互换，选出一定的内容，让出讲台，学生讲，教师听。学生正式试讲前，教师要指导学生备课，提供一些参考资料，并规定讲课的时间。学生一般觉得新鲜，学习的积极性明显提高。学生为了避免出洋相，这时往往如临大敌，认真地准备，通过体验"三尺"讲台，能体会平时那么简单的道理要在规定的时间内把它

讲活讲透，是多么不容易，要想吸引学生的注意力，提高抬头率是多么难。看与听不一样，讲又与听大不一样。学生既理解了教师的辛劳，又锻炼了胆量，提高了学习积极性，更重要的是他们对理论课程的认同感加强了。

除此之外，还有演讲、课堂讨论、辩论等方式。当然，无论是那种方式，教师都要进行最后总结和评述，如果辅之以一定的激励机制，会有更好的效果。

第三节　高校思想政治理论课教学语言优化创新

语言是人与人之间交际的桥梁和纽带，是我们赖以传达信息、交流思想观念、表达意志情感的载体。人类社会各个领域的人际交往都离不开语言。思想政治教育是指社会或社会群体用一定的思想观念、政治观点、道德规范，对其成员施加有目的、有计划、有组织的影响，使他们形成符合一定社会、一定阶级所需要的思想品德的社会实践活动。进行思想观念、政治观点、道德规范的教育都要通过语言这一载体。从信息论的角度看，思想政治工作就是思想政治工作者运用语言这一媒介工具，把一定的思想信息传递给工作对象，使之受到教育，获得启发，提高觉悟，转变态度的过程。

在思想政治教育课堂教学中，语言沟通的艺术水平直接影响思想政治教育工作的效果。高校思想政治教育活动本质上是一种交往活动，即主体与客体间的交流活动。拓展学生的精神需求，提升其需求之品位，离不开教师与学生之间有效的充分的交流。高校思想政治教育工作者恰如其分地运用语言艺术与大学生进行有效的交流，引导他们树立正确的世界观、人生观和价值观，对于培养他们独立健全的人格和良好的社会适应能力，促进他们综合素质的全面发展具有非常重要的意义。下面我们就来探讨高校思想政治教育理论课教学中的语言优化创新。

思想政治教育语言艺术是一种表达、传播的能力。有效的教学双向沟通是指教师有效地表达自己的信息，而学生的回应是我们所期望的。现代认知科学认为大脑的语言结构并不是单独存在的，而是与画面、声音、感觉相结合。沟通的前提条件之一是有效地表达自己的信息，而表达的方式和途径有多种。

文字意义是指说话用字的内容；语音语调包括声音的高低、强弱、粗细、快慢及各种语气；身体语言则包括面部表情、头与身躯的姿态、手势等。研究显示，人与人之间的沟通，发言的一方所发出的信息极多，但是他本人意识到的只有极少部分，绝大部分都是他不自觉，即是由他的潜意识控制之下而发出的，这部分包括所选用的文字、文字的组织、语音语调所表达的语气和经由身体所表露的大量信息。

高校思想政治教育者进行教育工作效果的好坏受多种因素的制约，教师的语言修养、运用语言的技巧往往起着非常重要的作用。神经语言程序学创始人里查德·班德勒（Richard Bandler）曾经说过："当你对别人说话时，不是给他一些信息便是在改变他。"思想政治教育是通过文字语言传播一定的思想观念、政治观点、道德规范，对学生施加有目的、有计划、有组织的影响并使其形成符合主体所需要的思想品德的社会实践活动。这种实践活动以语言为传播媒介，要生动形象地传播思想政治教育的内容，让学生感受到完美、统一、感人和愉悦，因此，对思想政治教育课程教师语言的遣词组句以及语言内容的逻辑、表达方式等都提出了更高的要求。

可见，思想政治教育者的语言优化创新是思想政治教育艺术的重要组成部分，也是搞好思想政治教育工作的重要因素。因此，思想政治教育工作者应考虑从以上提到的文字意义、语音语调、身体语言几个方面，来提高自身思想政治教育语言沟通艺术的水平。下面我们就从几个方面来谈谈思想政治教育理论教学中的语言优化创新。

一、文字意义的沟通作用与要求

文字的运用、说话时所用的语言，对沟通的效果有7%的作用。同样的意思，不同的人去说，或者同一个人用不同的词语、顺序表达出来，效果会有很大差别。因此，要达到好的沟通效果，就要讲究语言的技巧。思想政治教育语言艺术，就是传播者在运用语言进行传播时，为了提高语言的表达效果，达到传播目的，在语句合乎逻辑、语法规范、修辞妥帖的基础上，根据传播客体、传播场合等特点，选择使用富有独特、灵活、恰当的语言方式表达思想感情的技巧。这种技巧是如何把"深层"的思想巧妙地转换成"表层"的语言，使语言利于客体理解的一种能力。由于高校思想政治课教育对象和教育目的的特殊性，文字运用既要符合语言逻辑、语法规范，又使人感觉它形象生动，具有一定的艺术魅力，同时还要符合思想政治教育课堂的基本特征。文字用语需注意以下几点。

（一）准确性

"准确性"是指思想政治教育教师所使用语言应具有科学性与确定性，即所说的话要确切、清晰地表现所要讲述的事实和思想，而不是含糊其词，模棱两可。高校思想政治教育是为大学生思想价值观健康成长服务的，思想政治教育传递的是马克思主义的科学真理，科学的真理需要科学规范、准确的语言去传播。只有准确的文字语言才具有科学性，才能正确地反映思想内容，才能让学生感到不迷惑。

（二）思想性

"思想性"是思想政治教育语言传播的内在要求，是思想政治教育文字语言艺术的本质特征。在教育过程中，需要根据各门课程的特点而采取不同的教育方式和技巧，进而让学生接受教师传播语言中所包含的思想深意。思想政治教育的本质特征就是思想性。思想政治教育，就是一种对思想政治教育的语言进行有效的艺术包装从而更好地体现思想性的教育过程。因此，思想性是思想政治教育语言的基本特征。

（三）情理性

思想政治教育课程要做到"晓之以理、动之以情"，在做思想政治教育工作时使受教育的大学生感到富有人情味，充满亲切感。理，即正确的道理。晓之以理是为了提高受教育者的理性认识，是思想政治教育的一个本质要求。思想政治教育理论课教师要使大学生提高认识，摆事实讲道理，以理服人是一条最基本的原则。然而，同一个道理，有些教师讲出来使学生心悦诚服、茅塞顿开，而有些人讲得口干舌燥，学生却无动于衷，原因可能是缺乏说理艺术。这就要求思想政治教育教师寓理于事，寓理于情，情理交融，将抽象的道理具体化、深奥的理论通俗化，用生动形象的语言让大学生易于接受、感受到真挚和坦诚，让大学生真心实意地接受道理。

为了达到上述要求，既需要我们锤炼语言文字功夫，又要具备相当扎实的思想政治教育的理论基础知识。在思想政治教育工作中运用生动、鲜活的词汇表达思想感情，精炼、准确地运用词、词组以及成语、谚语、歇后语、惯用语等。遣词造句既符合语言规范，又符合思想政治教育课程的特征。

课程教学中用语得当可以更好地实现语言艺术的效果。比如，习近平总书记有一段这样的讲话："要以踏石留印、抓铁有痕的劲头抓下去，善始善终、善做善成，防止虎头蛇尾，让全党人民来监督，让人民群众不断看到实实在在的成效和变化。"这句话用到了"踏石留印""抓铁有痕""善始善终""善做善成"和"虎头蛇尾"等多个成语，言简意赅、铿锵有力、形象生动，富于表现力，闪烁着智慧的光芒。教师在思想政治课程教学中也需要巧妙运用文字语言，提升语言表现力。

二、语音语调的沟通作用与要求

过去，我们在进行教学时，应该说是非常注重文字表述的。各种思想政治教育课程培训也十分强调我们说的话、用的字以及课程内容表达等，但却忽略了语音语调以及身体语言在教学中的沟通效果，忽视了对语音语调和身体语言的关注与设计，以至于课堂教学语言非常单调平淡，影响了课堂效果。接下来我们来谈谈语音语调在语言沟通中的作用与效果。

语音语调影响学生听觉的接收效果，在引起情绪共鸣上有决定性的作用。我们可以想想，你有十分不开心的事，或者处于一个完全没有动力的状态中，说话时的语音语调会是怎样的？或者你兴高采烈地宣布打球比赛赢了对方，你的语音语调会是什么样的？因为言语交谈是靠声音传递信息的。语音语调的巧妙运用不仅可以恰到好处地表情达意，而且还可以使语言具有某种特色，从而产生吸引听者的魅力。由此可见，语音语调对文字的配合十分重要。尤其教师在课堂上想给学生一个情绪上共鸣的感觉的时候，注意语音语调对文字的配合会最快产生效果。语音语调的配合，最能做到情绪上的共鸣。语音语调可以分为四个方面：高低调、大细声、快慢速度及说话语气。良好的配合是四个方面都照顾到。

一个长期高声、高调和快速说话的人，会使学生听得内心不安、抗拒、烦躁和逃避；而一个长期低声、低调和缓慢说话地教师，会给学生一种无力和沉闷的感觉。所以，教师要注意根据教学内容的变化来调整语音语调，让教学语言抑扬顿挫，有节奏感、清晰而有变化，说起来顺口，听起来悦耳，这样能引起学生的兴趣，加深学生的印象，从而提升思想政治教育课程的课堂效果。

三、身体语言的沟通作用与要求

在了解了"文字意义和语音语调"在沟通效果上的作用后，我们看看身体语言在沟通中的作用。神经语言程序学认为，在沟通效果上，身体语言所能够达到的比语音语调又高了一级，身体语言影响学生视觉的接收效果，在引起思想共鸣上有决定性的作用。当文字意义与语音语调或身体语言不配合时，对方选择的会是语音语调和身体语言，不是文字的意思。当语音语调和身体语言不一致时，对方会产生很多的疑惑，这就说明，身体语言在思想政治课堂教学中起着至关重要的作用。

身体语言大致上可分为四个方面：站姿、手势、头的位置和动作、面部表情等。身体语言与口头语言在沟通上进行配合，会使沟通效果更好。想象一下，一个人在你面前说两句话："今天海上有风浪，我们需要研究一下怎么办。"请你想象他说了两次。两次的语音语调一样，文字也一样。第一次他的面部有笑容，双手伸出，掌心向上，手指张开。第二次他的面部有点紧张，双手也是伸出，但是紧握着拳头。这两次文字意义、语音语调相同而身体语言不同的沟通，给你的感受有什么不同？

人类学家霍尔（E.T.Hall）指出："无声语言所显示的意义要比有声语言多得多，而且深刻得多。"这里的无声语言就是指身体语言。思想政治教育课教师在授课时，固然需要运用文字语言，然而并非时时处处都依赖文字语言。如果把文字语言行为比作"红花"，那非文字语言行为则是"绿叶"。如果思想政治课教师将身体语言运用得及时、巧妙，它将同文字相得益彰，在思想政治教育过程中发挥着奇妙的作用。

神经语言程序学研究表明，人的大脑中有一种分子，叫镜像分子。当一个人在观看另一个人的动作时，他大脑里的神经便已经做出了相应的反应，这说明身体语言对一个人的影响是超乎我们想象的。我们的大脑明显愿意首先相信人的身体语言。

身体语言不是以自然语言为工具和手段，而是以人的身体动作等多种非语言方式为信息载体。身体语言在思想政治教育课堂中主要表现为：教师通过自己的眼神、动作等非言语行为，辅助言语行为，将一定的思想观念、政治观点、道德规范等信息内容传播给学生，从而达到教育培养和训练学生思想品德的目的。

现在我们来介绍一下思想政治教育教师可经常使用的几种身体语言。

一是体态语。体态语是指全身各个部位的动作、姿态所表达的信息含义。思想政治教育课不同于其他课堂教学，它主要传播的是精神、是情感。由于思想政治教育课程中理论内容本来就比较枯燥，如果保持一个姿势在讲台上做僵硬的信息传声筒，或者做高高在上的政策宣讲者，都会容易使学生对思想政治教育课产生厌倦，心生抵触，所以思想政治课教师更要注重体态语的运用。

现在高校思想政治教育课的课堂教学已广泛使用多媒体教室，这使得部分教师往往坐或站在多媒体设备前，他们关注更多的是使自己的教学内容与多媒体课件保持同步，忽视了体态语的作用，使得整堂课与学生交流的载体只限于屏幕上的课件和喇叭中传来的教师的声音，极大地影响了师生之间信息的有效传递。因此，教师授课时可在学生间走动，拉近和学生的距离，以加强师生间的交流；教师可腰板挺直，表现出情绪高昂、热诚投入教学工作的形象；可肩部平稳、头部昂起，表现出尊严和精力充沛的形象等。这些体态语既塑造教师的形象，提升教师的魅力，又能增加渲染课堂气氛，增加传递信息的吸引力，增强课堂教学效果。

二是手势语。手势语是指通过手势传递的信息。手势语对于思想政治宣传教育的作用可从列宁身上得到证明。列宁演讲时会用手势烘托语言，彼此融成一体。他精神饱满，边讲边生动地打手势，随着思路的发展，时而俯身，时而后仰，尽力把自己的论据深刻地灌输到听众的头脑中去。手势的动作恰到好处地配合着语言，把烈火般的思想倾注到人们的心坎里。可见，手势语对于思想政治教育课程而言是重要的宣传教育工具。

三是表情语。表情语是通过表情传递的信息。思想政治教育课所传递的信息具有人文关怀的性质。人文关怀的信息传递不能缺少丰富的表情，所以在思想政治教育课堂教学中，教师脸部表情应根据教学内容的改变而改变，或严肃或微笑，使教学过程在一种协调、愉快的气氛中顺利进行。教师如果整堂课拉长面孔毫无表情，学生会感到望而生畏，与教师感觉生疏。教师如果表情丰富过于夸张，也会让学生感到哗众取宠，失去思想政治教育课程的严肃性。教师的微笑要注意能体现出自己的内在涵养，既要让学生在微笑中感到被尊重和关爱，又不至于使其感到过分虚假。

身体语言在思想政治教育课堂中的使用具有很重要的作用，但并不是说教师可以随意使用身体语言，它要求教师能够正确、合理、合规范地运用它。对于思想政治教师来说，在课堂上合理使用身体应该遵循以下几个原则：

第一，实用原则。由于思想政治教育课是比较抽象的思想教育课程，不能像其他学科课程教师那样借助物品化的教具，更需要讲究身体语言行为和言语表达含义的配合。这就更要求思想政治教育教师在运用身体语言时有的放矢，要对身体语言和言语行为搭配的方式、各种身体语言之间的关系进行深入地了解，准确把握思想政治教育课堂情境，及时灵活地选择恰当的身体语言行为。

第二，得体原则。首先要求教师的身体语言不能违背本民族、本地域的礼仪规范。由于不同民族、不同地区的人们所遵从的礼仪规范有所差别，更由于"规范"本就是思想政治教育课程的要求，因此，思想政治教育教师在运用身体语言时更要注意这个方面。

第三，控制原则。控制原则对于思想政治教育教师尤为重要。由于思想政治教育课是公共课，往往有些学生不够重视它，常会出现迟到或者上课干其他事情的情况，教师一进教室发现上课有这些状况，情绪立刻有变化，或火冒三丈，或情绪低落，这些情绪的变化很容易从其身体语言行为中被学生发现，影响课堂教学。控制原则要求教师把不利于课堂教学的身体语言行为掩藏起来。教师对学生非常生气时，也要进行适度控制。

第四，美感原则。教师角色从某种程度上是表演家，其言谈举止要遵循美感原则，给学生以美的感受。思想政治教育课对于教师"表演"的要求要比其他专业课程更高，教师的每一次身体语言行为的使用都是与其内心的思想、情绪紧密联系的。每一堂思想政治教育课都该是一场出色的演讲，因此要遵循美感原则。思想政治教育教师要努力加强艺术修养，使教学中的身体语言行为富有审美的韵味，同时要尽力克服已形成习惯的背手、叉腰等身体语言行为。这些行为既破坏了课堂"表演"的身体语言行为的连续性，又干扰了语言的表达。这就需要思想政治教育教师能有意识地进行一些行为矫正和教学体态学习训练，以使自己的身体语言行为优美、得体、自然大方，达到形神统一的行为美的要求。

在思想政治教育课堂实践中，存在这样的现象：同一堂课，同一内容，同一群学生，甚至是同样的教案，有的思想政治教师把握起来就得心应手，异彩纷呈；有的则搞得死气沉沉，味同嚼蜡。仔细分析不难发现，其根本原因是一些教师忽视了影响沟通效果的一些综合因素。

沟通了没有效果，说过的话又有什么意义可言呢？对方不听不理睬，说得再对也没有用。所以自己说得多么"正确"没有意义，学生接受什么才重要。话有很多种方法说出，能使听者完全接受或大部分接受讲授者意图传达的信息的方法，便是正确的方法。说话的方法由讲者决定，但效果由听者决定。改变说话的方式，才有机会改变收听的效果。

一个人不能控制另一个人，不能勉强对方接受自己发出的讯号。只强调做法正确或者有道理而不顾是否有效果，是在自欺欺人。没有效果的道理需要加以反思，有效果和有道理往往可以并存，只追求有道理但无效果的课堂，难以说是成功的。

良好的沟通效果是教师的目标，所以教师不能一味地强调自己说得对，而是要不断地改变沟通方式，直至所期望的回应出现。然后，应继续这个沟通方式，保持良好的沟通效果。如果有一天所期望的回应消失了，便要不断地改变沟通方式，直到理想的回应重新出现。针对学生的不同信息接受模式，综合运用好各种沟通方式。

如果学生常用的内感官类型是听觉型的，会较多地注意教师的语音语调；如果学生是视觉型的，他会选择相信教师的身体语言。所以，在课堂上，教师在教学内容的讲授中，如果采用恰当的语调、语速和身体语言配合文字，情绪高昂、感情充沛地投入教学，面带微笑，适当地抑扬顿挫配上手势，就可以产生良好的教学效果。这些效果体现在以下几个方面。

一是更准确地使学生理解教学内容。有研究发现，进入角色、感情充沛的教师，其姿态更容易使学生感受到他的情绪，可帮助学生自觉掌握讲授内容的精神实质。从心理学角度讲，大学生的思维特点有三种接受信息模式，所以多种形式的信息能同时满足各种学生接受信息的模式，可以刺激大脑两半球同时活动，使抽象与形象思维得到和谐的统一，从而使其对内容的理解更深刻，记忆更牢固。高校思想政治教育教材改版后，对课堂教育提出了更高的要求。在有限的时间内，帮助学生理解消化教学内容，只使用有声语言是不够的。思想政治教育课的教学内容，侧重的是对学生思想素质和情感意志的培养，教师语言的感染力比其他学科显得更为重要。

当教学内容涉及情感成分深厚的观点时，比如人生观和人生理想，如果教师动作呆板，神情失落，势必导致课堂气氛沉闷、枯燥，自然会降低学生学习的兴趣。但如果教师恰当地运用非言语行为，如柔和的微笑、丰富的眼神、有表现力的手势等，就会增强潜移默化的效果。

二是更有效地使教师进行课堂管理。教师能凭借语言讲授教学内容，可以通过身体语言对学生实施某种程度的管理。曾有比喻说："组织课堂教学，一流的教师用眼神；二流的教师用语言；三流的教师施以惩罚。"这可谓道出了课堂管理模式的真谛。身体语言是先于规则和纪律的无声惩罚，合理使用可防止课堂违纪行为的升级和负面作用的扩散。有经验的教师都能成功地运用眼神、手势制止学生的不利于课堂沟通的行为。

高校思想政治教育课在一些学生意识当中不被重视，他们上课的积极性本来就不是很高，若不及时制止，就会直接影响授课的效果。而大学生自尊心又极强，假如直接用言语对其制止，既打断了课堂教学的进度，又伤害了学生的自尊心，有时甚至会引发更大的冲突矛盾。教师可以使用身体语言，以目光暗示、走近学生用手势加以制止，让这些学生自己停止与课堂无关的活动，把注意力集中到课堂上。

三是更准确地使教师把握反馈信息。人的身体语言可以传递更多被人刻意遮掩的信息。言语是思维的工具，它可以被人的思维有意识地控制，而非言语行为则具有很高的随意性，许多下意识的行为，有其生理原理和生理基础，激动时心跳加速，窘迫时满面绯红，这些生理反应很难靠个人意志控制。因此，身体语言具有十分突出的真实性特征，是人内心的真实思想和情感的外化。

思想政治教育课的讲授和其他专业的讲授不同之处还在于，思想政治教师传递的信息是精神层面的信息，不是靠作业就可以判断出讲课效果的，从这个意义上说，课堂上及时获取反馈信息对于思想政治教育课尤为重要。因此，课堂上信息的传递是否畅通，学生是否理解和接受教学内容，都需要及时从学生身上获得反馈信息，继而教师对教学进行适当调整，才能保证课堂教学取得预期效果。

综上所述，思想政治教育课堂教学是宣传教育马克思主义的主阵地，也是传播人文知识，培养和提高学生人文素养的重要场所。教师只有在了解学生接受信息模式及其心理特点的基础上，针对不同学生群体，对教学语言模式进行优化创新，综合运用各种沟通手段，把精确的语言表达、合适的语音语调和鲜活、合理、得体的非言语行为结合起来，让课堂变得生动、活泼，才能让学生在愉快、轻松、接受的状态中学习，从而提高高校思想政治教育的实效性。

参考文献

[1]李鸿雁，张雪.高校思政课教学改革与创新研究[M].延吉：延边大学出版社，2022.

[2]甘玲.高校思政课实践教学的探索与实践[M].秦皇岛：燕山大学出版社，2022.

[3]陈晓曦.高校思政课话语自觉研究[M].北京：人民日报出版社，2022.

[4]刘耀京.高校思政课激励机制研究[M].北京：人民出版社，2022.

[5]李双印.高校思政课教学改革的思与行[M].青岛：中国海洋大学出版社，2022.

[6]张璐斐.学校家庭社会合力高校思政课育人研究[M].北京：中国社会科学出版社，2022.

[7]郭娟娟.新时代高校思政课教学模式改革研究[M].合肥：合肥工业大学出版社，2022.

[8]李正元，金锋.西部地区高校思政课优质教学资源共享研究[M].兰州：兰州大学出版社，2022.

[9]金锋，李正元.高校思政课优质教学资源共享[M].北京：社会科学文献出版社，2022.

[10]李建斌，包银山，殷丽新.高校思政课加强铸牢中华民族共同体意识教育案例精编[M].北京：中国财政经济出版社，2022.

[11]姜瑞林，王红向，李志伟.虚拟仿真技术与高校思政课教学改革的深度融合研究[M].长春：吉林大学出版社，2022.

[12]姚雪兰.新时期普通高校思政理论课教学方法与实践研究[M].延吉：延边大学出版社，2022.

[13]蒲丽霞.高校思想政治理论课话语体系建设研究[M].北京：人民日报出版社，2022.

[14]罗永宽，李华.新时代高校思想政治理论课建设研究[M].武汉：武汉大学出版社，2022.

[15]朱琳.新时期思政理论课教学改革探究[M].长春：吉林大学出版社，2022.

[16]任金晶.新时期高校思政课程理论与实践探索[M].长春：吉林大学出版社，2022.

[17]吕云涛.从理念到实践当代高校课程思政路径探索[M].长春：吉林大学出版社，2022.

[18]汪广荣.新时代高校思政课STEMP教学设计模式探究[M].厦门：厦门大学出版社，2021.

[19]严昌莉.高校思政理论课教学实务研究[M].北京：北京工业大学出版社，2021.

[20]杨新莹.融媒体环境下高校思政课改革创新研究[M].北京：经济日报出版社，2021.

[21]蒋荣.高校思政课研究型教学实施路径与效果评估[M].北京：中国社会科学出版社，2021.

[22]詹全友.高校思政课公选课三分课堂建构与实践研究[M].武汉：武汉大学出版社，2021.

[23]王海云.弘扬中华优秀传统文化培育社会主义核心价值观：基于高校思政课的教学与研究[M].昆明：云南人民出版社，2021.

[24]刘仁三.新时代高校思政育人理论研究与实践探索[M].北京：中华工商联合出版社，2021.

[25]王静.全球治理人才培养背景下的思政教育体系建设[M].北京：中国商务出版社，2021.

[26]董仲磊.新时代爱国主义教育融入思政课教学的互动性研究[M].天津：天津人民出版社，2021.

[27]钟家全.互联网与新时代高校思想政治教育队伍建设[M].成都：西南交通大学出版社，2021.

[28]韩振峰.新时代思想政治理论课改革创新研究[M].北京：中央编译出版社，2021.

[29]李腊生.高等教育基本规律视阈下的思政课教学改革与创新[M].武汉：武汉大学出版社，2021.

[30]谈娅.新时代高校思想政治教育创新研究[M].重庆：西南师范大学出版社，2021.

[31]魏玮.高校思政课理论分析与实践指导[M].北京：研究出版社，2020.

[32]孙建华，曹顺仙.马克思主义理论与高校思政课建设研究论文集[M].南京：东南大学出版社，2020.

[33]赵冰梅.高校思政课专题教学理论与实践研究[M].沈阳：东北大学出版社，2020.

[34]陈艳，谢伟光.高校思政课教学模式创新探析[M].北京：社会科学文献出版社，2020.

[35]包银山.民族地区高校思政课加强民族团结进步教育研究[M].北京：中国财政经济出版社，2020.

[36]陈金平.多媒体时代高校的思政教育研究[M].北京：北京工业大学出版社，2020.

[37]李娟.全媒体环境下高校思政教育改革创新研究[M].北京：北京工业大学出版社，2020.

[38]崔岚.高校思政课程建设与大学生人文精神培养[M].北京：北京工业大学出版社，2020.

[39]吕小亮.新时代高校思想政治理论课教学改革探索[M].上海：上海大学出版社，2020.

[40]陈晓娟.微课在思想政治理论课中的开发、设计及应用研究[M].北京：经济日报出版

社，2020.

[41]彭宗祥.新时代高校工程德育理论与实践：学校德育的新范式[M].上海：上海财经大学出版社，2020.

[42]李兰.新时代大学生素养研究[M].北京：中国政法大学出版社，2020.

[43]张小发，袁成.进阶与境界：思政课教师教育叙事研思[M].成都：西南交通大学出版社，2020.

[44]陈功.高校课程思政工作建设[M].北京：中国商务出版社，2020.

[45]许霞.高校思政教育教学实效性研究[M].西安：陕西旅游出版社，2020.